當代港澳研究

STUDIES ON HONG KONG AND MACAO

陈广汉　黎熙元／主编

主办
港澳与内地合作发展协同创新中心
中山大学港澳珠江三角洲研究中心

资助
教育部人文社会科学重点研究基地
广东省『理论粤军』项目

2014年第3辑

（总第44辑）

社会科学文献出版社
SOCIAL SCIENCES ACADEMIC PRESS (CHINA)

目 录
CONTENTS

专题： 香港政法热点问题

港澳经济及与内地合作

专题：香港政法热点问题

编者按语

2014年对香港社会而言实乃多事之秋，《“一国两制”在香港特别行政区的实践》白皮书及全国人大常委会关于香港政改决定的发布在香港社会产生巨大反响，有关香港政治和法律的新闻不断占据媒体头版头条。在这样的背景下，从学术角度探讨其中的热点问题实有必要。本专题论文选取了其中的一些重要问题进行探讨，包括：(1) 政改的宪制基础；(2) 行政长官普选讨论中的争议焦点；(3) 功能组别存在的合理性问题；(4) 政党体系与行政主导的关系问题；(5) 香港政治人才的状况问题；(6) 香港立法会“拉布”及其治理问题；(7)《基本法》实施的整体情况。这些问题或者是当下的热点，或者是由来已久，在当下更加凸显，期望这样的讨论可以抛砖引玉，让问题的研究更加客观、深入和理性。

（本期组稿：郭天武、曹旭东）

宪制乃政改之路

梁美芬*

摘　要：自从新一轮政改讨论以来，香港一些反对派人士不断喊出“国际标准”及“公民提名”，而这两个词正是《香港特别行政区基本法》（以下简称《基本法》）所没有的。《基本法》作为具体落实“一国两制”的最高法律文献，其位阶仅次于《中华人民共和国宪法》。本文认为，香港人讲政改，必须先了解《基本法》在“一国两制”下的宪制角色。香港要走民主之路必须让香港人认清《基本法》的本质，在政改的路途上，无论哪个方案，都必须回到《基本法》，任何偏离都是浪费时间。对香港来说，任何改革都必须建立在“一国两制”及《基本法》的宪制基础上，其过程才能得以稳定和平，这才是最重要的“国际标准”。

关键词：政改　国际标准　公民提名　《香港特别行政区基本法》　“一国两制”　《中华人民共和国宪法》

近期香港就行政长官（以下简称“特首”）选举问题，社会上出现了重大分歧。其中香港反对派一直坚持特首普选要符合“国际标准”及要有

* 梁美芬，博士，香港基本法教育协会会长，香港城市大学法学院副教授，香港立法会议员，香港大律师。

“公民提名”才算“真普选”。但偏偏“国际标准”及“公民提名”这两个概念却在《基本法》中找不到。更遑论自设“真”“假”理论，务虚地批评《基本法》早已规定的政改框架。

要对这个问题有合法合理的讨论，若从《基本法》制定的内容到修改程序作出分析，人们就不难看到就政改问题的起草设计属于中央与地方关系，而整个框架的设计有三大持份者：第一，全港市民；第二，提名委员会；第三，全国人大常委会享有最终批准权，即否决权。①

从使用词语到设计上，有关政改的条文都涉及一些非香港普通法的概念。例如，“由全国人大常委会批准”等肯定是中国体制，而非香港自治范围的机制。人们若不正视这一点，任何提法都等于“打空拳”，浪费时间，令政改得不到任何寸进。

国务院在 2014 年 6 月 9 日颁布的“一国两制”白皮书②及全国人大常委会在 2014 年 8 月 31 日颁布的《决定》，③ 令不少香港反对派感到讶异及不可接受，显示香港的反对派对“一国两制”、中国的政治及宪制体制仍然缺乏理解，因而对《基本法》的条文理解出现重大偏差，与中央发生重大分歧。所谓知己知彼，香港人必须接受香港是以“一国两制”的方式回归祖国，并接受很多关于“一国”的宪制体制对香港落实《基本法》有重大影响。笔者希望通过本文让更多关心香港的朋友们能够茅塞顿开，以积极的态度去了解中央政府如何在中国宪制架构下，落实香港《基本法》有关规定，方能事半功倍。

尽管香港反对派未必同意，只要细阅《基本法》附件一及附件二，都能清楚地看出香港政治改革须经全国人大常委会同意，中央政府是政改主要持份者之一，而这正涉及中央与地方关系。不然，一味“自说自话”或加入所谓“国

---

① 见《香港基本法》第四十五条。

② 《“一国两制”在香港特别行政区的实践》，新华网，http：//news. xinhuanet. com/gangao/2014 - 06/10/c_ 1111067166. htm。

③ 原文请参考香港政府网页《全国人民代表大会常务委员会关于香港特别行政区行政长官普选问题和 2016 年立法会产生办法的决定》，http：//www. 2017. gov. hk/filemanager/template/tc/doc/20140831a. pdf。

际标准”“公民提名”等，均只会徒劳无功。例如《基本法》要求政改建议须经全国人大常委会“批准”或“备案”都是中国法律而非普通法概念。

一 《基本法》有关政改的规定

《基本法》第四十五条是这样规定的：“行政长官产生的具体办法由（《基本法》）附件一《香港特别行政区行政长官的产生办法》规定”。第一任期的选举办法由全国人民代表大会（“全国人大”）的决定规定时，《基本法》的附件一清楚地规定了从第二任期或以后的行政长官的选举办法。附件一亦同时容许了在2007年或以后的任期，行政长官选择办法存在修改的可能性。回归后，有关通过政改方案的程序在不同阶段曾产生过不同争论，其中包括：（1）立法会和行政长官的选举办法是否有需修改？（2）如果特首选举办法真的需要改变，是否需要满足《基本法》主体条文的修改要求，即第一百五十九条[①]要求？或只需要根据附件一的修改程序？（3）中央权力机关所起的作用是什么？在中国这个机制中全国人民代表大会常务委员会在以上提到的修改过程中所起的作用是什么？

二 《基本法》第四十五条提到“普选”但没有订明时间表

《基本法》的规定本身表明在《基本法》于1990年通过时，起草者已在考虑到普选的问题了。第四十五条措辞是这样写的：“最终达至一个由广泛代表性的提名委员会按民主程序提名后普选产生的目标”。

① 《基本法》第一百五十九条规定：《基本法》的修改提案权属于全国人民代表大会常务委员会，国务院和香港特别行政区。香港特别行政区的修改议案，须经香港特别行政区的全国人民代表大会代表三分之二多数、香港特别行政区立法会全体议员三分之二多数和香港特别行政区行政长官同意后，交由香港特别行政区出席全国人民代表大会的代表团向全国人民代表大会提出。

然而，《基本法》并没有为这个“最终目标”规定时间表，第四十五条同时规定选举行政长官的办法应鉴于“实际情况”并依“循序渐进”的原则，有秩序地进行。

不难看出《基本法》在一些用词上存在一些明显的模糊之处：例如第四十五条中“最终目标”实指何时？一个由“广泛代表性”的提名委员会提名和什么是“循序渐进”及“实际情况”具体指什么？第六十八条也有同样字眼的规定。因此，谁享有解释这些字眼的最后话语权显得十分重要。而且有关条文的运作涉及中央与地方关系，因此，答案一定是中央。至于具体中央如何做，则要从《基本法》中看到端倪。例如：附件一中的第七款规定有关行政长官产生办法“如需要修改……必须经由香港立法会全体成员三分之二多数通过，及行政长官同意，并报全国人民代表大会常务委员会批准”。附件二的第三部分有关立法会议员产生办法规定“如需要修改……须经香港立法会全体议员三分之二通过”。再需要在中央“备案”。无论是“批准”抑或“备案”两个机制均涉及在全国人民代表大会常务委员会的机制，非香港内部机制。

三 谁可启动修改程序

根据《基本法》第七十四条：“凡不涉及公共开支或政治体制或政府的运作的法案方可由个别立法会议员以个人或联名提出。凡涉及政府政策者，在提出前必须得到行政长官的书面同意”。因此，个别立法会议员没有权力就政制改革提出私人议案。同时附件一虽然规定“二〇〇七年以后各任行政长官的产生办法如需修改，须经立法会全体议员三分之二多数通过，行政长官同意，并报全国人民代表大会常务委员会批准”，但是它没有提到谁有权力来决定“是否有需要”。看起来，中央政府与香港特区政府均有权在需要时可提出启动修改附件一或附件二的程序。若中央政府认为有必要修改附件，则程序上，应透过特区政府提出。

值得提出的是，《基本法》是中央政府用以履行 1984 年 12 月 19 日与英国政府签订的联合声明的全国性法律。但详细阅读联合声明[①]，却没法找到关于“普选”的规定。可以看出，最终达致“普选”的规定是中方在1985～1990年自行制定《基本法》时透过《基本法》起草委员会及咨询委员会商讨出来的。因此有关普选的进程，并无中英《联合声明》的依据，而是属于中国内部事务，属内政范围。因有关规定要先由香港立法会三分之二全体议员通过，再提交全国人大常委会批准或备案。[②]

四　修改《基本法》附件的特殊程序

政改方案是否需要根据《基本法》第一百五十九条，好像修改主体条文一样复杂呢?[③] 在回归后这个问题纠缠过一阵儿，但从过往的造法，已给这个问题一个清晰的答案。例如2010年的政改方案犹得通过程序上只需要依据附件一第7段及附件二第三点的特有规定，并不需要根据第一百五十九条相对更复杂的程序进行。又例如，自从回归以来，在附件三所列的全国性法律已经从最初的六部全国性法律增加到十二部。过往17年，增加附件三所列全国性法律的祇需符合《基本法》第十八条第三款的规定，而不需要符合第一百五十九条的规定；

因此，《基本法》的主体条文（即第一条至一百六十条）才适用《基本法》第一百五十九条的修改程序，而附件一、二、三则根据其特有的修改程序，这亦适用于有关政改的修改程序。

---

① 参见1984年12月19日中华人民共和国政府和大不列颠及北爱尔兰联合王国政府关于香港问题的联合声明（“联合声明”）。

② 《基本法》在1990年通过时，《基本法》已有三个附件、四个决定、一个建议。其中附件一和附件二是有关行政长官的选举办法和立法会的组成的办法，附件三是中华人民共和国全国性法律在香港特别行政区的适用。

③ 《基本法》的第十八条第三款规定附件三修改程序，即全国人大常委会可以经过咨询香港特别行政区基本法委员会和特区政府后对附件三的法律条文增加或删除。列在附件三的法律，应限定在国防外交有关方面以及其他依法不属于特别行政区自治范围的法律。
由于附件三是全国性法律应用于香港的分界线，有一些人担忧，在第十八条第三款的规定下“增加”或“删除”附件三的法律的机制太简单了，而且附件三的修改也应遵守《基本法》第一百五十九条的修改程序。

五　中国宪政下的《基本法》

除了《宪法》第三十一条外，其实《基本法》还提及不少非香港普通法能理解的词语，例如，有关政改方案由全国人大常委会“批准”“备案”等都是中国法律的词语。虽然《中华人民共和国立法法》（简称《立法法》）并未列入《基本法》附件三直接适用于香港，但由于《基本法》很多条文提到《立法法》的内容，人们要认识这些概念，必须从认识《立法法》开始。又例如由全国人大常委会对《基本法》的解释，全国人大常委会对《基本法》的修改，均涉及中央宪制架构的运作，通过了解《立法法》有关规定在中央看来到底是什么意思，如何运作，方能真正了解中国制定《基本法》时使用这些词语的立法原意。

由于《基本法》属全国性法律中的特别法①，《基本法》多次提及全国人大常委会的角色，因此，要了解《基本法》，应从了解全国人大常委会在国内如何运作开始。例如，就全国人大常委会的释法权，依照《立法法》②，一个解释全国性法律的最终草案应该由全国人民代表大会常务委员会全体会议中的全体成员的大多数同意通过，由全国人民代表大会通过公告宣布。③

与《立法法》比较，《基本法》第一百五十八条界定的解释程序更加复杂，第一百五十八条第一段规定香港《基本法》的解释权属于全国人民代表大会常务委员会。第二段进一步规定全国人民代表大会常务委员会授权香港特别行政区法院解释权限制在自治区范围之内的事项。然而，第三段规定有关中央人民政府管理事务或者关于中央机关和特别行政区之间的关系的事项，特别行政区法院应在做出最后判决前，征询全国人民代表大会常务委员

① 许崇德：《中国宪法》，中国人民大学出版社，1989，第 23 页。

② 《立法法》第四十六条。

③ 《立法法》第四十二条规定：法律的解释权应属于全国人民代表大会常务委员会。在以下的情况，全国人民代表大会常务委员会应该进行解释：法律明确规定要求含义更加清楚的和具体的；一些法律颁布之后，出现了新的情况，要求明确规定它们的应用基础。

会的解释。同时，全国人民代表大会常务委员会对《香港基本法》作出任何解释之前必须咨询香港基本法委员会。[①] 相信这个比较复杂的程序是为了确保全国人民代表大会常务委员会对于香港《基本法》解释是非常慎重的。

六 “实际情况”与“循序渐进”如何解读

《基本法》的第四十五条及六十八条都提及政改要顾及“实际情况”，很多人对这个词不理解。其实，这类概念在《立法法》中也多次出现，例如《立法法》在不少处使用了“具体的情况和需要”等类似的词语。[②]

香港当地一些人以为有很多人上街、参与违法“占中”就可迫使中央接受香港政改必须全盘照搬西方一套。这种想法正反映了这些人是全不了解中央的看法。其实，越多人参加以非法手段去胁迫中央，反而会使中央认为香港实际情况并不适合照搬西方一套，因为很多香港人对“一国两制”的

---

① 《基本法》在多次提及基本法委员会的角色，每次都是在重大中央政府与香港特区政府关系的条文适用时出现。例如第十七条、第十八条、第一百五十八条及第一百五十九条。1990 年 4 月 4 日全国人大常委会关于设立基本法委员会的建议规定：基本法委员会是全国人大常委会下设的工作委员会。不同于一般全国人大下设的委员会，基本法委员会 12 名委员中有 6 名来自香港。

② 例如：《立法法》第七十二条规定：省、自治区、直辖市的人民代表大会及其常务委员会根据本行政区域的具体情况和实际需要，在不同宪法、法律、行政法规相抵触的前提下，可以制定地方性法规……省、自治区的人民代表大会常务委员会在对报请批准的较大的市的地方性法规进行审查时，发现其同本省、自治区的人民政府的规章相抵触的，应当作出处理决定。

如第六十三条所说，根据中国法律的一般分类，宪法具有最高的权威，行政命令的法律地位则属最低。当一个低阶位的法规违背了一个高阶位的法律时，这个低阶位的法律便会无效。见《立法法》第六十三条。例如，《立法法》规定：

（1）执行法律、行政法规需根据地方行政区域的“具体的需要”，是为了实施相关的法律和行政法规。

（2）在地方事务范围的事项（问题、事情）规定地方法规。直接在中央政府的管理之下省、自治区和直辖市，可以根据他们地区的“具体情况和需要”颁布地方法规。法律和行政规章经过国家的颁布之后开始生效，地方法规若与全国性法律抵触就变得无效，颁布法律的机构应该立即修改或废除这个地方法规。

中国是一个大国，按地理行政划分为省、自治区、直辖市等。实际上，并不是所有的地方法规都经过中央机构讨论。因此，地方法律和法规通常在被发现与全国性法律相矛盾时才会变为无效。

认知度还不够。这就是中央对香港"实际情况"与香港一些人判断的差异，从而中央在考虑政改步骤的决定时与这些人出现重大分歧。"循序渐进"一定是有序进行。"占中"违法捣乱香港秩序的争取方法肯定是违反"循序渐进"原则，中央不但不会接受这些人的建议，反而会更加肯定他们的建议对国家、对香港是行不通的。

七　中国宪政下的"备案"与"批准"

政制改革争论的另一个争论点是有关附件一和附件二的解释。① 在附件一和附件二中都有相似的要求："如需修改"和"全体成员的三分之二多数同意"和"行政长官的同意"。相比之下，附件一关于特首选举和附件二关于立法会选举的修改程序中唯一的不同是由全国人大常委会"批准"和"备案"这两个对政改关键的机制到底在中国宪制架构下是什么意思？是怎样运作的？

全国人大常委会"备案"和"批准"并不是香港内部的机制，而是中国《立法法》中经常使用的名词。

例如，《立法法》经常提到所有的行政法规、地方性法规、自治条例、单行条例和规章应该在一定期限内上报相应负责的机构"备案"。② 这些都

---

① 《基本法》中的附件二明确规定二〇〇七年以后香港特别行政区立法会的产生办法和法案、议案的表决程序，如需对本附件的规定进行修改，须经立法会全体议员三分之二多数通过，行政长官同意，并报全国人民代表大会常务委员会备案。附件一也规定二〇〇七年以后各任行政长官的产生办法如需修改，须经立法会全体议员三分之二多数通过，行政长官同意，并报全国人民代表大会常务委员会批准。

② 由国务院颁布行政法规应该报全国人民代表大会常务委员会"备案"；在中央政府直接领导下省级的、自治地区和直辖市人民代表大会及其常务委员会颁布的地方法规应报全国人民代表大会常务委员会和国务院委员会"备案"；由被授权的机关颁布的条款应该报给予其权力的授权机关"备案"。而《立法法》第九十九条则规定国务院、中央军事委员会、最高人民法院、最高人民检察院和各省、自治区、直辖市的人民代表大会常务委员会认为行政法规、地方性法规、自治条例和单行条例同宪法或者法律相抵触的，可以向全国人民代表大会常务委员会书面提出进行审查的要求，由常务委员会工作机构分送有关的专门委员会进行审查、提出意见。

前款规定以外的其他国家机关和社会团体、企业事业组织以及公民认为行政法规、地方性法规、自治条例和单行条例同宪法或者法律相抵触的，可以向全国人民代表大会常务委员会书面提出进行审查的建议，由常务委员会工作机构进行研究，必要时，送有关的专门委员会进行审查、提出意见。

是出现在《基本法》关键的条文而港人不熟识的制度。明显属中国宪制的特色。

“批准”是指必须在全国人大常委会签订同意批准有关法律方能生效。

“备案”是指有关法例在地方通过后先生效后备案，直至全国人大常委会认为有关法律违反上级法律或全国性法律，则会变成无效。有关行政长官选举办法附件一用了“批准”。有关立法会选举办法附件二则用了“备案”。

八 《基本法》和《立法法》的相似性与不同之处

根据《基本法》的第十七条第二款规定香港特别行政区立法会颁布的法律必须报全国人大常委会“备案”；并规定上报备案不影响此法律的生效。与《立法法》的规定非常相似。

第三款则规定如果全国人大常委会经过咨询香港特别行政区基本法委员会……全国人大常委会可以“驳回”存在问题的法律但是不能修改。与上述的程序相比，《基本法》第十七条在规定法律的退回程序上有一个额外的步骤。（1）经过咨询基本法委员会之后，有疑问的法律只能被撤回。但是法律一旦被撤回，它立即变得无效。（2）在这个条款下全国人大常委会的权力存在着另一个限制，也就是说全国人大常委会只能撤回法律，但是不能对法律的内容有修改。曾经有人提过，有关立法会的选举办法在香港先立法生效，再交全国人大常委会备案。香港立法会有机会“先斩后奏”。

不过，从实际情况出发，香港应先讨论2017年特首选举办法以后方可讨论立法会选举办法。有关讨论在社会必然引起广泛讨论，若根据“政改五部曲”①，

① “政改五部曲”是指：

1. 行政长官向全国人大常委会提交报告，请全国人大常委会决定两个选举产生办法是否需要进行修改；
2. 全国人大常委会决定是否需要进行修改；
3. 特区政府向立法会提出修改议案，并经立法会全体议员三分之二多数通过；
4. 行政长官同意经立法会通过的议案；
5. 行政长官将有关法案报全国人大常委会，全国人大常委会予以通过或备案。

特区政府必然先征询全国人大常委会的意见，因此，有关立法会产生办法先生效后被发回等尴尬情况并不会出现。

九　全国人大常委会在香港政制改革中的宪制角色

在回归后，全国人大常委会曾就《基本法》附件一及附件二进行过一次解释，亦就香港政改问题进行过三次决定，包括 2004 年 4 月 6 日的解释、2004 年 4 月 26 日的决定、2007 年 12 月 29 日的决定及 2014 年 8 月 31 日的决定。

2004 年 4 月 6 日的解释①主要是说明“附件一及附件二”提及的“2007 年以后”一词可包括 2007 年。即根据法律解释，附件一及附件二最早可于 2007 年进行修改。不过，就香港“实际情况”及“循序渐进”的原则，全国人大常务委员会于 2004 年 4 月 26 日同时通过决定，2007 年及 2008 年香港不适合进行行政长官及立法会的双普选，并规定 2008 年的立法会的比例，功能组织与直接选举议席必须保持 50∶50 的比例。②

2005 年香港特区政府欲基于这两个决定进行政制改革，惜未成功，未能在立法会通过。2007 年 12 月 29 日全国人大常委会颁布决定，再次为普选特首铺路。2010 年，香港特区政府重起炉灶，调整了方案，2010 年 6 月 22 日在立法会获得通过。

从上述几份重要宪制文件及《基本法》的条文中可以看出，全国人大常委会在政制的问题总会容许一定的讨论空间，特别是在时间表及路线图。例如，第四十五条及第六十八条分别以“最终达至”普选，但没有提及具体时间表，③ 附件一及附件二，则用“如有需要”一词。2007 年 12 月 29 日

---

① 见 2004 年 4 月 6 日《全国人民代表大会常务委员会关于〈中华人民共和国香港特别行政区基本法〉附件一第十七条和附件二第三条的解释》。

② 见 2004 年 4 月 26 日《全国人大常委会关于香港特别行政区 2007 年行政长官和 2008 年立法会产生办法有关问题的决定》。

③ 2007 年 12 月 29 日《全国人大常委会有关香港特别行政区 2012 年行政长官和立法会产生办法及有关普选问题的决定》。

的决定则多次以“可”字表达对政制未来发展的指引与空间，例如“可”参照选举委员会的四大界别、[①] 2017年“可”普选行政长官、2020年……在普选行政长官以后，“可”普选立法会。均以“可”字对时间的要求提出一些弹性。若因各种原因，万一无法落实，并无违宪。因“可”在法律上的定义，是给予决策者酌情权，法律上的意思并不等同“必定”“必须”。

其他重要用词如第四十五条提及的“广泛代表性”及“民主程序”均是容许一定的讨论空间，并没有把定义定死。不过，随着更接近落实普选的目标，为了更好落实普选，人大常委会的决定必须一次比一次清晰，必须一次比一次具体。

香港有人坚持在提名委员会以外的提名方法，如争取公民提名或政党提名等，不过，若第四十五条的立法原意是包括除提名委员会以外的形式，则《基本法》的用语会是“如提名委员会等方式”去提名。明显的，第四十五条并没有提到其他的提名方式，表示在公权力的行使中，只有提名委员会享有提名权。全国人大常委会不同意公民提名或政党提名的决定，完全是合宪合理的。

十　全国人大常委会决定的合法性

根据《中华人民共和国宪法》和《基本法》，全国人大常委会有权决定是否“批准”《基本法》（附件一）及是否“备案”《基本法》（附件二）由香港特别行政区行政长官提交的政制改革报告。根据《基本法》第四十三条，香港特别行政区行政长官是香港特别行政区的首长，代表香港特别行政区，并对中央人民政府负责，从国家的角度，行政长官是国家的官员；从香港的角度，行政长官是地区的首长。根据基本操作，行政长官如其他地方首长——如省长——一样应定期汇报工作，而国务院负责港澳工作的就是港

① 同上，见《基本法》附件一，“四大界别”分别为：（1）工商、金融界；（2）专业界；（3）劳工、社会服务、宗教等界；（4）立法会议员、区域性组织代表、香港地区全国人大代表、香港地区全国政协委员的代表。

澳办公室。

换句话说，在提议香港政制改革的问题上，行政长官在起草建议后，预先向全国人大常委会或国务院港澳办公室汇报（即政改五部曲第一步及第二步工作）其实是一个惯常的程序。以免各方费时失事，提出一个完全不符合“一国两制”及中国宪制的方案，最后只会徒劳无功。全国人民代表大会是国家最高权力机构，国务院是最高级别的行政机关，即使不说明五部曲，特首根据他作为国家官员，他也要进行第一步及第二步的工作。

根据2004年4月6日全国人大常委会《解释》，政制改革应该由行政长官提议并由全国人大常委会商议后再正式在香港提出咨询，这个解释只是陈述了提出有关香港政制改革的法案程序，并没有讲清楚当行政长官提交有关香港特别行政区政制改革报告后在全国人大常委会和国务院之间的具体操作细节，在这个过程当中，香港行政长官必须扮演一个双重角色，他有责任向中央人民政府报告香港的实际情况，也有责任向香港人报告中央的观点。简而言之，行政长官将扮演国家官员同时也是香港首长的双重角色。

《基本法》第四十五条只有“最终达致”普选，但没有普选的时间表及路线图。全国人大常委会在2007年的决定首次勾画普选时间表。全国人大常委会在2014年则决定了普选的路线图。

根据上述两次人大常委会决定，《基本法》第四十五条所指的提名委员会应由以下四大界别组成①：（1）工业、商业及金融；（2）专业人士；（3）劳工、社会服务、宗教及其他；（4）由前政界、立法会议员及区议会议员等组成的“政治界别”。

在2014年8月31日全国人大常委会作出的决定则对政制改革规划了清晰路线图的要求。决定主要内容包括：

（1）行政长官候选人须在1200名成员组成的提名委员会中获得至少50%票数支持；

---

① 2007年的全国人大常委会决定用的字眼是“参照”选举委员会的四大界别，见前注。而2014年的决定则用的字眼是“按照”。相比两个词语，“按照”是指日后必须根据此而行。

（2）清楚列明行政长官候选人须爱国爱港；[①]

（3）提名委员会与 2012 年选举一样，同为 1200 人；

（4）提名委员会成员由工商、专业、劳工、宗教及其他团体四大界别组成，每一界别为 300 人，界别组成具体办法留待公众讨论；

（5）香港于 2017 年可用普选方式选出行政长官，而香港立法会选举改革可在普选行政长官后，即最早于 2020 年进行；

（6）行政长官候选人为两至三名。

十一　提名委员会符合宪制及香港实际情况

（一）普选须过三关[②]

依据《基本法》及全国人大常委会决定的宪制基础，行政长官普选程序，主要分三个层次：第一，由各界代表提名（提名委员会成员均属各界的代表，以达至均衡参与及广泛代表性）；第二，由全民普选；第三，中央任命权（中央的任命是有实质任命的权力，属“一国两制”中一国的部分）。

在这三个层次当中，第一、第二均属“两制”的范围，但中央任命权则属“一国”的范畴。

《基本法》附件一规定，在政改方案有关行政长官的部分，若要修改，除了三分之二立法会议员及特首同意之外，亦必须获得全国人大常委会批准。换言之，就行政长官如何产生的问题上，中央有批准方案的权力，亦有任命行政长官的权力。反过来说，即中央对任何有关行政长官的产生办法的方案及对候任行政长官的任命均享有否决权。

---

① 邓小平在 1984 年 6 月指出：“港人治港有个界限及标准，就是必须以爱国者为主体的港人来治理香港。爱国者的标准是，尊重自己的民族，诚心诚意拥护祖国恢复行使对香港的主权，不损害香港的繁荣和稳定”。（见邓小平先生分别会见香港工商专访京团和香港知名人士钟士元等的谈话要点）（1984 年 6 月 22 日、23 日）

② 梁美芬：《提名委员会方案的制定与落实》，《文汇报》2013 年 12 月 25 日。

（二）提名委员会对香港有利[①]

《基本法》第四十五条规定：“行政长官的产生办法根据香港特别行政区的实际情况和循序渐进的原则而规定，最终达至由一个有广泛代表性的提名委员会按民主程序提名后普选产生的目标。”提名委员会是任何有意参选的人士必须通过的门槛，这是《基本法》定明的宪制要求，社会各界早在《基本法》起草时已达成共识。

然而，香港有不少反对派人士漠视《基本法》的立法原意，把提名委员会说成洪水猛兽，诸多阻挠，另起炉灶，一窝蜂地说只有公民提名才是真假普选的指标。古语有云：“无规矩无以成方圆。”纵观环球民主政体，全部设有普选门槛，就是为了确保普选有规有矩。民主选举典型国家如美国，也未必就如这些人士所说、对选举毫不设限。其实，美国的两党制就是最大的门槛，任何人要登上总统宝座，都必须争取民主党或共和党的支持。

在美国，虽然两党意识形态上有所区分，但二者在社会各阶层均有支持者，属跨阶层的成熟政党。两党轮流执政、互相监察正好能平衡社会各界的利益，防止公共政策受民粹主义摆布。此外，民主党及共和党党内亦设有党团会议（caucus）机制。

譬如 2008 年总统大选，美国民主党内有不下八名州长有意角逐候选名额，但经美国民主党的“党团会议”决定后，党内政经高层纷纷出动劝退一些有意参选的候选人，最后就剩下希拉里、约翰·爱德华兹及奥巴马，相信美国这种制度是为了确保选举的质素不至因为候选人太多而变得太滥。至于 2000 年总统大选，戈尔绝对票数高于小布什，但选举人票数却低于前者，最终因此落选，若从绝对票去数算，当选的应该是戈尔，而不是小布什。学者如 Abner Greene 亦指出，各州人口比例不同，亦会出现人口少但仍拥有同样数量选举人票的情况。某种程度上，因为美国的历史原因，有选举人制度，最后才导致戈尔赢了绝对数选票，却仍然输了总统宝座！事实上，美国

---

① 梁美芬：《提名委员会对香港有利》，《明报》2014 年 4 月 14 日。

的民主制度亦受越来越多人诟病。[①]

他山之石，可以攻玉。美国也得借两党制及党团会议设下门槛保证选举质素，但香港不少反对派人士偏偏喜欢追随泰国及台湾地区的恶习，即使有了普选，也是民粹式民主，随时因为某政治派系不愿意接受选举结果，以政治凌驾《基本法》，闭门造车，脱离宪制现实。当年《基本法》在中英两国存在极大分歧之下，仍能达成共识；第四十五条的提名委员会的构思就是为了平衡香港内部各阶层的利益而设的。

中国是单一制国家，香港在“一国两制”之下享有高度自治，但始终不是独立政治实体，这是香港的反对派必须承认的政治及法律现实。任何人罔顾香港的宪制地位，尝试通过政党提名、公民提名架空当年有共识的《基本法》，谈判变成失去宪制基础，不可能有成果。

（三）提名委员会可保香港优势

实际来说，1990 年《基本法》通过时已否定了公民提名，香港各界共识是由一个广泛代表性的提名委员会提名，这是有政治、经济及“一国两制”的考虑，是平衡各方利益的共识，确保各界有代表性力量的均衡参与。

至于政党提名，可说比提名委员会更缺乏民意代表性。现时香港没有政党法，全港加入不同政党的政党成员合计不超过三万多人。相比美国两党，香港政党更偏向特定阶层，各自跟进的议题亦欠多元化，实难以跨阶层自居。譬如过去几年，立法会议员议案中大多要求政府增加开支，若推行政党提名，未来特首人选为了拿提名票一味反映某些政党的意志，缺乏均衡参与，最后特首很可能大举派钱，随时令结构性赤字提早出现。这在一些新兴的普选国家都出现过这种现象。试问这又如何符合香港整体利益[②]？因此，未来特首应有能力认清全局，平衡社会各界利益，务求工商、基层、专业、劳工、宗教、政界等并驾齐驱，方能保有香港经济优势及政治稳定，带领本港更创佳

---

① Fareed Zakaria, *The Future of Freedom*, Norton, 2003.

② 梁美芬：《如何平衡普选与福利要求》，《信报》2014 年 3 月 15 日。

绩。提名委员会的组成体现广泛代表性，就能保证特首人选具备能以香港整体利益出发的能力与质素。以此来看，提名委员会不只是《基本法》订明的宪制要求，更是在香港政党成熟之前，保证特首候选人质素的重要机制。

世界各地依据自身历史、文化及政治的实际情况，设计适切自己的民主制度，因时制宜，因地制宜，根本难以一概而论。利用所谓“国际标准”泛泛而论，强以“真”“假”来分，只会误导群众，对政改毫无好处。

（四）普选没有真假　只有合宪与否①

1.“国际标准”也要符合宪制基础

世界各国要发展自身的政治体制，只有以宪制为基础，尊重法律，政制才得以稳步发展，方能避免暴力流血等痛苦过程。基于不同历史文化与民族性，各国宪制都有不同；宪制是一个国家立国的最重要基础，而一个地方的宪制不一定要人人喜欢，但必须人人遵守；不然，社会就没有共同生活的规则。在一个政制需要发展的地方，宪制尤为重要；对中国来说，更是发展香港特别行政区的最重要基础，亦是对香港作为“一国两制”下的特别行政区享有高度自治的根基。

近代中国惨遭列强欺凌，其间，中国大陆天翻地覆，好不容易才振作起来，不用再受外侮。一个背负着如此沉重历史包袱的国家，很自然对列强的干预格外警觉。因此，回归以前，不单港人忧虑前途，其实中央也是摸着石头过河，既考虑自身情况，想给港人最大信心，又希望爱国爱港者执政，从此摆脱殖民者的枷锁。《基本法》就是在这么一个背景下诞生的。

香港的繁荣基于长期政治及经济的稳定。若要在社会制造混乱、震荡从而影响政治、经济的稳定，令人民受痛苦，以为可以促进政制的发展，笔者恐怕这些想法对香港太危险，亦太自私。我们要促进政制改革，应在保持现有优势下进行，而不是以胁迫、破坏、犯法为手段的行为进行。“占中”正是这种胁迫性破坏行为。若指这是为了符合国际标准，就更具讽刺意味。

① 梁美芬：《“国际标准”也要符合宪制基础》，《文汇报》2013 年 11 月 13 日。

2. 得来不易的《基本法》

《基本法》作为具体落实“一国两制”的最高的法律文献，其位阶仅次于《中华人民共和国宪法》。《基本法》既是香港的最高法律，又是由全国人民代表大会通过的全国性法律的一种。而《基本法》的制定过程相比其他全国性法律则更加复杂和谨慎。对中国来说，其立法过程规模之大，获得之重视，是史无前例的，显示中国对当时在巨大分歧下达成的《基本法》共识是极为重视的。

《基本法》好比一个混血儿，是普通法与中国法两个法律体系的混合体，好比骨骼遗传了中国法传统，而血液则遗传普通法传统。两种法律传统在融合过程中产生的冲突，在回归后的十几年间亦不断显现。这是我们在讨论政改时必须认清的事实。若我们完全漠视《中华人民共和国宪法》在“一国两制”体制下的地位，两地沟通只会适得其反；反之，若两地能互换思维，尝试以对方的角度去考虑问题，《基本法》的执行过程会更符合香港整体利益。若讨论政改时将中央主权的角色抛诸脑后，将繁荣稳定当做儿戏，则政改必寸步难行！

3. 回到《基本法》才是正道

无论是“一国两制”的提出还是《基本法》的制定，中央对“一个国家”这一主权原则的坚持从未动摇过。香港人必须知己知彼：中央对于主权原则是绝对不会妥协的。这是当年的英国都最清楚不过的。香港人必须认识《基本法》的本质，在政改的路途上，无论哪个方案，都必须回到《基本法》，任何偏离都是浪费时间。

在过程中，应考虑如何令不同代表能在改革后的选举制度中得到合理机会当选，以争取各界议员支持，从而得到《基本法》附件一及附件二中提到的立法会全体三分之二议员同意。迈向政改过程中，政治及经济的考虑同样重要。各界选民及候选人均需要时间去了解、适应新的选举制度。选民教育同样重要。制度改革的方向不宜朝令夕改，必须循序渐进，绝对不能以“试水温”的思维推行一个模式后，下一届又推翻，社会难以适应过来。

香港作为特别行政区，实行资本主义制度五十年不变，于国策，对香港地区、对国家都有利。因此，国家让香港推进民主的同时，必须确保香港不会变成另一个泰国等所谓民主社会，虚有民主空壳，却没有民主内涵和素质。亦要确保香港不会即刻因要普选而变得福利挂帅、民粹主义抬头，这都是中央从全国的角度要考虑的。

须知行政长官角色非常重要，既要平衡香港各方经济及政治势力，亦要维持香港特别行政区与中央政府的良好关系，还要紧守《基本法》所要求保持资本主义及低税政策，继续吸引国际及本地投资者。保持香港作为国际金融中心及“东方之珠”的优势。

希望香港人能了解国情，多从“一国两制”的宪制基础去为香港政改寻找共识。

论香港行政长官普选讨论中的若干争议焦点[*]

曹旭东[**]

摘　要： 有关香港政制发展的争议集中于行政长官普选领域，主要包括普选的国际标准、行政长官的提名机制以及对行政长官“爱国爱港”的政治要求等。在这几个问题上，不同政治力量有不同的主张，而这些不同的主张主要是在合法性与正当性这两个维度上发生冲突。

关键词： 行政长官普选　国际标准　提名机制　“爱国爱港”

2013 年 12 月 4 日，香港特区政府启动为期 5 个月的政改咨询，主题是“2017 年行政长官及 2016 年立法会产生办法”。2014 年 7 月 15 日，香港特首梁振英向全国人大常委会提交《关于香港特别行政区 2017 年行政长官及

* 项目支持：港澳与内地合作发展协同创新中心项目资助（项目名称：香港行政长官普选的争议焦点及法律回应）；教育部人文社会科学重点研究基地、中山大学港澳珠江三角洲研究中心基地自设项目资助（项目名称：香港特区行政长官普选的制度设计）；中央高校基本科研业务费专项资金资助（项目名称：香港特别行政区双普选研究）。

** 曹旭东，中山大学港澳珠江三角洲研究中心，港澳与内地合作发展协同创新中心讲师，法学博士。

2016 年立法会产生办法是否需要修改的报告》，启动政改五部曲的第一步。2014 年 8 月 31 日，全国人大常委会通过《关于香港特别行政区行政长官普选问题和 2016 年立法会产生办法的决定》（以下简称《决定》），完成政改五部曲的第二步。全国人大常委会在该《决定》中表明了中央在香港政改问题上的态度和要求，但这不意味着有关争议已经平息、有关分歧已经收窄，政改仍然有流产的风险，因而笔者认为仍有必要对不同政治力量有代表性的观点和方案进行理性分析。鉴于主要争议焦点集中在行政长官普选问题上，本文的讨论也将集中于此。

一 分析框架：合法性与正当性

本文所指的合法性是狭义上的合法性，这里的“法”指的是实定法，即立法意义上的法律规范，对应的英文表达是 legality 或 lawful。有学者会从广义角度上理解合法性，这实际上是在广义上理解“法”的含义，这种理解之下的法的范围既包括实定法，也包括自然法。[①] 通常来讲，概念应力求准确，避免多重含义，否则容易丧失解释力和描述力，导致问题讨论的混乱。如果从广义上理解合法性便容易产生此种混乱，因为实定法和自然法是部分重合的关系，二者之间可以呈现三种状态：其一，既符合实定法也符合自然法；其二，符合实定法但不符合自然法；其三，符合自然法但不符合实定法。假设从广义上界定合法性，符合实定法和符合自然法都被称为合法，那么实定法和自然法关系的后两种状态便无法呈现。要解决这个问题只需将符合自然法的状态单独界定即可，本文认为使用正当性更为合适，对应的英文表达为 legitimacy。

实定法和自然法是一对对应的概念，二者之间存在张力。实定法是“主权者的命令”，是立法者制定的法，是“实际的法”；相比来讲，自然法的含义并不容易界定，《不列颠百科全书》释义：就一般意义来说，自然法

① 之所以会将符合自然法的状态也称为“合法”，因为在西方语言中，法除了法律，还有公平、正义、理性的自然法之意涵。参见刘杨《正当性与合法性概念辨析》，《法制与社会发展》2008 年第 3 期。

指整个人类所共同维护的一整套权利或正义。[①] 需要强调的是，这里的权利也是道德观念层面的权利而非实定法上写明的权利。因而，自然法蕴含着道德性甚至神性。自然法代表着一种美好追求，但同时又有一种虚无缥缈和天马行空的气质，为了克服自然法不可捉摸的缺点，实证分析法学派应运而生。实证分析法学派强调法就是实在法，要将不可捉摸的道德元素剔除出去，这一主张使得法律体系得以迅速完整化和精致化，但强调合法就是符合实定法的主张使得实定法走上了不归路，并且导致了纳粹悲剧。此后人们再次反思自然法的价值和作用，正如拉德布鲁赫所说的，法学应当返回到有千年悠久历史的光明道路上去，历史肯定了有高高在上的法，即神法或理性法或超实在的法的存在，当实在法同超实在法的冲突达到“不可容忍的程度”时，实在法就不再是“不公正的法”，而且完全失去了法的本性和效力。[②]

实定法与自然法之间的张力也是合法性与正当性之间的张力。合法性是一种常用的评价状态，在常态社会生活中，人们一般只会思考某个行为是否符合法律规定，以及某个规则是否符合上位法律，较少追问某个行为或规则是不是正当。这很大程度上缘于，随着文明的进步，实在法与自然法之间有了很大程度的重合。但这绝对不代表自然法又一次失去了意义，恰恰相反，自然法成了随时待发的威慑。尽管合法性有独立的价值，但合法性绝对不是终极意义上的合法，合法性背后还有正当性，“自然法是检验实定法的高级法”[③]，最终极的合法是符合一般人的正义观念和道德观念。根据合法性与正当性的关系，进行评价时基本有以下四种状态：其一，既不合法也不正当；其二，合法但是不正当；其三，正当但是不合法；其四，既合法又正当。

二　普选的国际标准

关于普选国际标准的争论在政改咨询之前即已展开，这个争论可以看做

① 转引自张文显《二十世纪西方法哲学思潮研究》，法律出版社，2006，第32页。
② 转引自张文显《二十世纪西方法哲学思潮研究》，法律出版社，2006，第44页。
③ 转引自张文显《二十世纪西方法哲学思潮研究》，法律出版社，2006，第35页。

有关政改方案立法指导思想的争论。泛民主派人士提出，应按照国际标准设计香港的普选方案，其法律依据在于《公民权利和政治权利国际公约》（以下简称《公约》）的有关规定。按照《公约》第二十五条（b）款的规定，公民有平等的权利和机会，在真正的定期的选举中选举和被选举，这种选举应是普遍的和平等的并以无记名投票方式进行，以保证选举人的意志的自由表达。泛民主派人士的核心观点为，普遍而平等的选举权和被选举权是通行的国际标准，香港普选应该遵守。

对此，建制派人士和内地学者主要从两个层面进行反驳。其一，《公民权利和政治权利国际公约》第二十五条（b）款并不构成香港普选的法律依据。其二，即使《公约》强调普及而平等的选举，这也只是普选的原则，并非国际标准，不能直接套用他国的选举模式。双方的观点可谓是针锋相对，本文认为，在这个争议焦点上有以下问题值得讨论。

1.《公约》第二十五条（b）款与香港的关系

这个问题涉及《公约》的保留问题以及《公约》与基本法的关系。饶戈平教授认为，将第二十五条（b）款作为约束香港普选的规范并不合适。原因在于：其一，英国在将《公约》扩展适用到香港的时候，专门对第二十五条（b）款作出了保留，因而第二十五条（b）款对香港并无拘束力；其二，英国在回归之前一直没有撤回保留，保留继续有效；其三，中国并非《公约》缔约国，无权取消保留，为了解决《公约》在香港适用问题，中国承诺回归前已适用于香港的公约权利回归后继续适用，这同时意味着回归前没有适用的回归后也继续不适用，即“有效的继续有效，保留的继续保留”①。饶戈平教授的论述是严谨而充分的，他的观点得到了建制派人士的赞同。②

如果我们将这里的保留理解为完全保留，这个问题在合法性上就已经解决，

① 饶戈平：《人权公约不构成香港普选的法律依据》，《中外法学》2008 年第 3 期。

② 例如，谭惠珠、梁爱诗、罗范淑芬等在接受媒体采访的时候都曾表达相同观点。《〈公约〉第二十五条 b 款不适用》，《文汇报》2013 年 4 月 1 日；《学者认同谭惠珠否定论〈政治权利公约〉选举条文在港无效》，《新报》2013 年 4 月 4 日；《罗范认同谭惠珠〈公约〉看法》，《信报财经新闻》2013 年 4 月 4 日。

也就是说主张《公约》第二十五条（b）款是香港普选的依据是不具有合法性的，在实定法上是不成立的。但比较吊诡的是，英国政府作出的保留并非完全保留，这就让问题变得复杂。接下来的问题便是，相关保留的具体内容是什么？

2. 保留条款是怎么规定的

英国在1976年将《公约》引申适用至香港的时候特别规定：“联合王国政府就第二十五条（b）款可能要求在香港设立经选举产生的行政局或立法局，保留不实施该条文的权利。”1991年香港立法局通过《人权法案条例》，其中的保留条款规定，“《人权法案条例》第二十一条不要求在香港设立由选举产生的行政局和立法局”。回归之后，根据《基本法》第三十九条规定，《公民权利和政治权利国际公约》需要通过香港特别行政区的法律予以实施。立法会通过适应化修订，对《人权法案条例》的保留规定进行修改，修改后的具体内容为：“人权法案条例第二十一条不要求在香港设立由选举产生的行政会议和立法会。”

从这里我们可以清楚地发现，《公约》的保留针对的是行政会议和立法会，并不包括行政长官。因此，如果说《公约》二十五条（b）款并不构成立法会普选的法律依据是完全具有合法性的，但是《公约》二十五条（b）款是否构成行政长官普选的法律依据并不清晰。本文认为，在这个问题上可以有不同的解释。第一种解释是文义解释进路，根据明示其一排除其他的原则，既然保留只是针对行政会议和立法会而并未声明针对行政长官，行政长官普选可以受到《公约》第二十五条（b）款的约束。按照这种解释，主张《公约》第二十五条（b）款能够约束行政长官普选是具有合法性的。

第二种解释进路是立法原意进路。英国政府当时的保留之所以不针对港督，并非明示或者暗示《公约》第二十五条（b）款可以适用于港督，而是因为该条款不适用于港督是不言自明、显而易见的。港督是殖民统治机制，跟民主选举无关，针对港督的保留反而显得赘余。回归之后，作为承接港督角色的行政长官的选举也因此不能受到《公约》第二十五条（b）款的约束。按照这种解释，主张《公约》第二十五条（b）款能够约束行政长官普选是不具有合法性的。

本文认为，第二种解释更具有说服力。实事求是地说，港英政府无论如何也没有意愿要将普选适用于港督的产生，因而《公约》第二十五条（b）款对于港督是绝对保留的。尽管港督与行政长官在政治属性上不同，但是二者在权力角色上具有较大相似性，根据“保留的继续保留”原则，对于港督的保留可以继续适用于行政长官。

3. 国际标准、国际原则与国际共识

《公约》第二十五条（b）款本身是否能构成一个国际标准也是一个值得讨论的问题。对此建制派人士和内地学者普遍认为，不存在所谓的国际标准。其观点的主要内容是，各个国家在普选的具体制度安排和程序操作上千差万别，不存在一个统一的、放之四海而皆准的模式，各个国家的普选需要根据自己的历史传统和实际情况作出合适的安排。使用“标准”这个词语实际上是在误导社会舆论和普罗大众。但是他们并不否认，《公约》第二十五条（b）款所确立的“普及而平等”的要求是有关普选的国际原则。① 而泛民主派人士则主张香港普选要符合“国际标准”。②

本文同意存在“国际标准”这样的说法是不准确的，在已经实现普选的国家或地区并不存在统一的规则，这一点是达成共识的，“国际标准”很难找到实定法上的具体的规则作为依托，因而主张“国际标准”框范香港普选并不具有合法性。但是不存在“国际标准”这样严格的要求，是不是意味着在这个问题上就毫无共同的价值判断可言呢？本文认为也未必。《公约》第二十五条（b）款构成“国际原则”，这应该是各方观点都承认的，当然需要指出的是，由于《公约》第二十五条（b）款被保留，不论是“国际标准”还是“国际原则”都难以获得约束香港普选的合法性地位。

---

① 详细内容可参见：饶戈平出席“《基本法》研讨会”（2014 年 3 月 23 日）回答提问时的发言，大公网，http：//news. takungpao. com/hkol/topnews/2014 - 03/2372975. html，最后访问日期：2014 年 6 月 2 日；王振民在“行政长官普选论坛”的发言（香港城市大学举办，2014 年 4 月 15 日），参见《学者齐指普选不存国际标准》，《大公报》2014 年 4 月 16 日；邹平学在香港大学法律学院比较法与公法研究中心举办的有关普选圆桌会议上的发言，香港中国通讯社，2014 年 3 月 20 日电。

② 戴耀廷：《普选特首选举办法的宪制标准》，《苹果日报》2013 年 4 月 2 日。

综上，本文认为在“国际标准”这个问题上，主张《公约》第二十五条（b）款构成立法会普选的依据明显不具有合法性，对于该款是否构成行政长官普选的依据并不明确，从立法原意的角度看，答案也是否定的。《公约》第二十五条（b）款内含的是一项“国际原则”而非严格的“国际标准”，从合法性上看，该款不能约束香港实行普选。

三　行政长官的提名机制

既然《公约》第二十五条（b）款不构成实行普选的依据，普选的展开就只能依据《基本法》。根据《基本法》第四十五条第二款的规定：“行政长官的产生办法根据香港特别行政区的实际情况和循序渐进的原则而规定，最终达至由一个有广泛代表性的提名委员会按照民主程序提名后普选产生的目标。”对于“提名后普选产生”这个阶段争议不多，关键的分歧在提名阶段，行政长官的提名机制是讨论最热烈的问题。香港方面，政改咨询期间各政治力量提出的普选方案按照政治倾向光谱，大体可以分为三类：建制派方案、温和民主派方案和激进民主派方案。这三类方案各自在合法性和正当性上呈现何种状态是值得讨论的。

（一）三类方案的要点

1. 建制派方案

建制派方案主要是指民建联和工联会的方案。以民建联方案为例，在提名问题上主要有以下要点：其一，提名委员会是负责提名的唯一机构，反对公民提名和政党提名。其二，提名候选人的“民主程序”方面，提名委员会作为一个机构，应该以“过半数有效票”的方式去体现少数服从多数及提名委员会的集体意志。其三，提名委员会可以考虑适当增加或调整界别分组，以及调整在各界别分组的提名委员名额。[①]

① 具体参见民建联“对2017年行政长官选举及2016年立法会选举方案”的建议。

2. 温和民主派方案

温和民主派方案是介于建制派方案和激进民主派方案之间的中间方案，其中比较有代表性的是“18 学者方案”和“香港 2020 方案”。以“18 学者方案”为例，具体内容要点有：其一，在行政长官正式提名之前引入“公民推荐”这个法定程序。获得 2% 以上登记选民提名的，可以成为“行政长官参选人”，可获得提名委员会考虑是否提名为“行政长官候选人”。其二，正式提名阶段维持现有的“八分之一”提名门槛。任何“行政长官参选人”获得八分之一以上的提名委员提名即可成为“行政长官候选人”。其三，增强提名委员会的代表性，例如，取消各界别的公司票和团体票，改为个人票。① 相比“18 学者方案”，“香港 2020 方案”最显著的不同是对提名委员会进行深度改革，以增强其民主性和代表性，除了取消公司票和团体票外，该方案建议取消第四界别原有的 117 名区议会议员，由全港在前三个界别没有投票权的选民投票选出 317 名分区提名委员取代原来的 117 名区议会议员，相当于增加 200 名提名委员，提名委员会的人数增加到 1400 名。在具体提名程序中，该方案建议获得十分之一（140 名）以上提名委员支持即可成为“行政长官候选人”，每名候选人的提名人数上限是提名委员会总数的 25%（350 名），特首候选人数不设限制。②

3. 激进民主派方案

激进民主派方案以真普选联盟、学民思潮、人民力量的方案为代表。这类方案的最大特点是“三轨制”提名，即公民提名、政党提名和提名委员会提名。以真普联方案为例，方案强调，任何参选人可循“三轨制”中任何一种提名途径成为候选人。公民提名要求参选人取得 1% 登记选民具名支持；政党提名要求政党于最近一次立法会直接选举中取得 5% 以上的有效票。除非参选人不符合法律对候选人的明文要求（如须年满四十周岁、没有外国居留权等），否则提名委员会须确认由公民提名或政党提名取得候选

① 具体参见“18 学者”方案“在基本法下实现真普选”。

② 具体参见“香港 2020 初步方案：2016 年立法会产生办法及 2017 年行政长官产生办法”。

资格的参选人；提名委员会不能因“不爱国爱港”“与中央政府对抗”等政治审查而拒绝确认。[①]

（二）三类方案中可讨论的问题

在提名机制问题上，中央通过《决定》表明了自己的要求，主要包括以下方面：其一，提名委员会是唯一合法有效的提名主体；其二，提名委员会复制第四届选举委员会组成；其三，提名委员会提名产生二到三名候选人，每个候选人须全体提名委员会委员过半数支持。上述三类方案都与中央《决定》有差异，极端民主派的方案与中央《决定》距离最远，温和民主派的其次，建制派的最近，但也不相同。这些方案，包括《决定》中涉及的问题仍然有必要进行讨论。

1. 提名权、被选举权是否也应当“普及而平等”

前文已经论述，《公约》第二十五条（b）款并非普选法律依据，但是可以作为一个正当性评价标准。另外，《基本法》中也有平等权的明确规定，因而提名问题不能不考虑平等原则。建制派人士似乎也意识到了这个问题，并且试图解决这个难题。香港基本法委员会委员谭惠珠在谈到《公约》适用问题的时候指出，假定《公约》适用，提名权和被选举权也并不受制于“普及而平等”的原则，只有选举权受制于该原则[②]，按照这个推理，在《基本法》之下，提名权和被选举权亦可参照这样的“国际标准”而不需要受制于平等原则。但是谭惠珠女士对《公约》存在误读，谭女士之所以说“普及而平等”仅指选举权，是因为可能她只阅读了中文版本的《公约》，并未阅读英文版本，中文翻译与英文表达之间存在偏差，这个问题在英文版本中是清晰的。在英文版本中的有关表述是：（b）To vote and to be elected at genuine periodic elections which shall be by universal and equal suffrage…；而在

① 具体参见真普选联盟“行政长官选举方案”。

② 参见《公约第二十五条 b 款不适用香港普选依照基本法普及而平等指选举权不包括提名权或被提名权》，《文汇报》2013 年 4 月 1 日。内地也有学者强调，只要“一人一票”选举即为普选。

中文版本中的表述是：（b）在真正、定期之选举中投票及被选，选举权必须普及而平等。从英文版本中可以清楚地发现，“普及而平等”不仅约束狭义上的选举权，也约束被选举权，被选举权中当然也包括被提名的权利。因而提名权和被选举权亦受“普及而平等”原则的约束，反推回去，《基本法》之下的提名权和被选举权亦不可能不受平等原则的约束。

2. 公民提名、政党提名的合法性与正当性分析

从《基本法》第四十五条第二款规定来看，《基本法》的提名机制只有一种，那就是“提名委员会提名”，这个规定是有排他性的，排除了其他提名方式的存在空间，因而可以肯定地说，公民提名和政党提名无法找到合法性依据。有观点认为，公民提名和政党提名是一种自由，法无明文禁止即可为，本文同意公民和政党有提名“候选人”的自由，但这种提名仅是具有“舆论效力”的民间版本，并不具有法律效力。

有观点强调，没有公民提名和政党提名就不能保证提名权和被选举权得到平等对待。对此本文认为，首先，提名权和被选举权获得平等对待是合法且正当的。其次，未必一定要通过突破现有的法律规定而达到这个目的。如果能在现有的法律规定之下达到或者接近平等状态应该是一种双赢结果；如果以损害现有的实定法安排而达到另一个正当性状态将会是一种零和博弈。合法性不否定正当性，但是毫无疑问，尊重现有的法律秩序也是相当重要的政改基础，正当性也只是在实定法突破自然法到不可容忍的程度才出场。在《基本法》规定的提名委员会之下探寻达到或接近平等状态将是更优选择。

3. “高门槛”与“低门槛”的对比

既然需要在提名委员会这个机制框架下解决问题，有意义的争议点即在于实行温和民主派的“低门槛”方案还是建制派的“高门槛”方案。在这里有两个问题值得分析：其一，合法性问题，即此两种方案是否符合《基本法》的规定；其二，不同选择的政治效果。

（1）合法性问题

这个问题涉及对“提名委员会按照民主程序提名”的解释。对此中央认为，《基本法》所要求的提名委员会提名是机构提名，而非提名委员提名，并且要体现机构整体意志，采用“少数服从多数”的规则更恰当。本文同意提名委员会提名是机构提名，但是机构提名的实现需要提名委员行动，机构提名更多的是形式意义，更关键的是，提名委员如何提名，因而“提名委员会按照民主程序提名”实际上可以转化为“提名委员按照民主程序选择”。接下来的问题是，民主程序是什么，中央认为，民主程序是“少数服从多数”，因而“高门槛”方案符合民主程序，“低门槛”方案不符合民主程序。

本文认为，可以从另一角度解读《基本法》要求的“民主程序”。对于“民主程序”而言，少数服从多数，即过半数通过是一种常用的决策机制，但是民主程序不只有少数服从多数一种决策机制。民主程序分两部分：投票和计票。民主首先强调的是所有参与者按照自己的意志投票，即自我做主，在这里指所有提名委员按照自己意志投票；其次获得多少票数算是胜出是一个计票方法问题，过半数通过是常用的一种方法，但除此之外还有其他的方法。以比例代表制为例，其计票的方法就是按照相应的比例获得相应的票数，在此计票方法下，亦无法否定当选者是按照“民主程序”胜出的。因此，“高门槛”和“低门槛”方案的差别只在于计票程序，二者都符合“民主程序”，在合法性方面都不存在问题。

（2）不同选择的政治效果

既然二者在合法性方面均不存在问题，接下来便可以考虑采取不同方案的不同政治效果。采取“低门槛”选举方案，可以将温和民主派吸收到普选竞争体制之内，从而在合法性前提下最大限度地容纳不同政治派别的人士成为候选人，获得较高的正当性，但是建制派人士会面临败选的风险。采取“高门槛”选举方案，有助于认同中央人士当选，但是该方案由于吸纳能力不够，在正当性方面会存在缺陷，另外，当选的行政长官仍然可能面临正当性不足、认受性不够的问题，能够在多大程度上提升其管治威信尚存在疑问。而且，采取“高门槛”方案面临在立法会不能通过的风险。全国人大常委会《决定》选择的是更稳妥的“高门槛”方案，因此也需要承担不能通过的风险。

四 “爱国爱港”的政治要求

邓小平在 1984 年的时候就已经指出，“港人治港有个界限和标准，就是必须由以爱国者为主体的港人来治理香港”①。乔晓阳在深圳讲话中重申了“爱国爱港”者治港的要求。② 其后中央领导又多次强调了这个要求。但是这个态度遭到了很多香港人士的质疑，并被指出无法在法律层面落实。本文认为，有几个问题值得讨论：第一，“爱国爱港”的要求是不是正当的；第二，什么是“爱国爱港”；第三，“爱国爱港”如何转化为法律要求。

1. “爱国爱港”政治要求的正当性

如果我们承认国家是最重要的政治单元，就必须保证国家的完整，因而必须承认中央整合权力的重要性。对于香港而言，它是单一制之下的地方，中央对香港政治发展负有责任，同时也对国家完整负有责任，香港的政治发展不可以以分裂国家为代价。从国家整体利益来看，中央要求香港的地方行政长官“爱国爱港”并无不当，这也是中央行使整合权力的表现。可能问题的关键是如何界定“爱国爱港”，特别是在法律上如何落实“爱国爱港”。

2. 什么是“爱国爱港”

“爱国爱港”当中，爱港并无多少争议，问题的关键在于什么是“爱国”。关于什么是爱国者，邓小平指出：“爱国者的标准是，尊重自己民族，诚心诚意拥护祖国恢复行使对香港的主权，不损害香港的繁荣和稳定”③。现有理论对国家的理解有民族（nation）、国土（country）和政治（state）三个层面，尊重自己的民族是达成共识的，热爱这片国土也无争议，最大的分歧还是在于对政治国家的拥护上。

第一个问题，爱国是否包括政治意义上的爱国。本文认为，应当包括，

---

① 参见《邓小平文选》第三卷，人民出版社，1993，第 61 页。

② 具体参见《乔晓阳在香港立法会部分议员座谈会上的讲话》，《文汇报》2013 年 3 月 28 日。

③ 《邓小平文选》第三卷，人民出版社，1993，第 61 页。

尽管政治国家不是国家的全部内涵，但是政治国家却是国家得以真正存在的必要保证。一个民族或者一群人，必须要有牢固的、有权威性的组织机构才可能构成完整的国家，否则这群人容易陷入四分五裂，而这个有权威性的组织机构直接的表现是中央层面的政府，这也是政治国家的实体表现形式。

接下来的问题，爱政治意义上的国家是否一定是积极向中央政府靠拢的状态。本文认为，也未必。政治意义上的爱国可以有较高层次和较低层次，从较高层次来讲，爱国能够让人感受到一种积极、能动的向中央靠拢的状态，可以称之为“积极爱国”；从较低层次讲，爱国是指在尊重的基础上不与中央对抗，可以称之为“消极爱国”。这里的较高与较低只是形容状态，没有褒义和贬义的区别。而且二者各有好处，较高层次的政治意义上的爱国能够带来一种热情，较低层次的政治意义上的爱国能够保持理性和冷静。

应该说，《基本法》的制度设计贯彻了“爱国爱港”者治港的政治要求，主要表现在：要求主要公务人员就职时宣誓（《基本法》第一百零四条）；要求行政长官对中央负责和对香港特区负责（《基本法》第四十三条）；以及更为重要的，通过选举委员会选举行政长官、在立法会议员中区分功能组别和分区直接选举议员（《基本法》附件一、附件二）。在选举委员会的机制之下，能够保证选出的行政长官是爱国者。

3. 普选之下“爱国爱港”如何转化为法律要求

要求行政长官“爱国爱港”是正当的，但是难点在于普选之下如何将这个情感要求转化为法律要求，“爱国爱港”显然是不具有可操作性的，正如香港大律师公会的意见书所说，“要求向提名委员会提出参选的人士必须‘爱国爱港’的建议，在法律上是备受质疑的”①。因而，“爱国爱港”需要用法律语言加以表达。本文认为，“爱港”这个要求无须转化，需要考虑的是“爱国”问题。

在这个问题上，中央采取的是用程序方法解决实体问题，即通过提名委

---

① 《2017 年行政长官及 2016 年立法会产生办法咨询文件》香港大律师公会意见书摘要。

员会投票的“高门槛”对是否“爱国”进行判断，没有直接涉及“爱国”的实体性内容。这是一种解决问题的思路，从既有的经验来看，复制选举委员会的提名委员会能够保证候选人是爱国者，进而保证最后当选人也是爱国者，这就回避了对什么是“爱国”进行法律转化的麻烦，但是这种方法的负面效应就是前文所讲的无法容纳温和民主派。本文认为，界定什么是“爱国”仍然有理论价值，而且在将来亦可能有实践价值，但“积极爱国”主要是情感表现，无法界定也无须界定，“消极爱国”要求不与中央对抗，可以界定也有必要界定，因为这是一个不能突破的底线。

对“消极爱国”的实体界定方面应贯彻如下规则：其一，相关规定一定是明确的、可操作的；其二，不可“因言获罪”，不能因为有过批评中央的言论即被定性为不爱国；其三，实施、曾经实施或试图实施危害国家利益的行为才不符合爱国要求，例如，以推翻中央政府或中国共产党为目的的表态可视为试图危害国家利益；其四，至于什么是国家利益可以限定在国家安全的范围内，以《基本法》第二十三条的要求为标准。在适用消极爱国法律标准的程序方面，可以考虑引入司法判断程序，因为涉及行政长官任职资格的重大问题，建议由终审法院大法官组成司法判断委员会，在必要时对行政长官的行为是否脱离了“消极爱国”的范围加以判断。

结　语

当合法但不正当的时候，可以占领法律高地；当正当但不合法的时候，可以占领道德高地；只有既合法又正当的时候，才可以真正让人信服。普选争议的解决不仅是个法律技术问题，更考验的是政治智慧和胆识，如何在合法性的前提下最大限度地获得正当性是一个值得追求的目标。各方政治力量应当体谅并包容他人正当且合法的要求，这才是共赢的前提。

功能组别当下存在的合理性分析

——以香港自由党在立法会选举中的结果为视角*

郭天武　宋晓**

摘　要： 功能组别在港英政府20世纪80年代开启代议制改革时设立，其目的在于维持“均衡参与”，尤其是保障工商界在立法会拥有发言权。自由党在香港回归后历届立法会选举地区直接选举中的结果并不十分令人满意，2012年成立的经民联严重依赖立法会功能组别。因此，需要功能组别的存在为工商界政党的发展争取时间。毕竟工商界对促进香港资本主义经济发展具有重要作用，贸然废除功能组别有可能使工商界利益得不到充分的代表，并可能使泛民派获得立法会半数以上议席，行政主导运作将更加困难。工商界政党应利用宝贵的时间保持自身稳定发展、加强地区建设，争取在没有功能组别存在时能成为与传统建制派和泛民主派实力均衡的政治力量。

关键词： 功能组别　自由党　实力均衡

* 项目信息：港澳与内地合作发展协同创新中心专项项目（项目名称：《基本法》下的中央和特区的关系问题研究）；中央高校基本科研业务费专项资助（项目名称：香港选举制度的发展与政治体制的变化）。

** 郭天武，中山大学法学院教授，博士生导师；宋晓，中山大学法学院硕士研究生。

一　功能组别的产生与发展

（一）港英政府时期的功能组别

功能组别的设立始于港英政府在 20 世纪 80 年代开启的“代议政制改革”。1984 年 7 月 18 日，港英政府赶在中英双方正式签署《中英联合声明》之前发表《代议政制绿皮书》，提出要在香港建立一个“使其权力稳固地立根于香港，有充分权威代表港人意见，同时更能较直接向市民负责”的政制，开始在立法局引入选举机制，改变过去一百多年来立法局议员全部由委任产生的方式。由于在此之前港督会委任工商界人士及社会精英进入立法局，但代议制改革的目标是逐步减少委任议员的数量，因此“鉴于本港财经界及专业人士对维系香港前途的信心和繁荣，关系重大，这些人士应有充分的代表权”。设立功能组别可以吸纳工商界及专业人士进入改革后的立法局，有利于维持港英政府在过渡时期的有效管治。1985 年 9 月，立法局举行有史以来第一次选举，以选举团方式和功能组别方式选举产生了 24 名非官守议员。[①]

港英政府时期立法局功能团体选举方式最大的改革是在 1992 年彭定康抛出的政改方案，该方案要求在 1995 年最后一届立法局选举中增加九个新的功能组别（即所谓的“新九组”），使功能组别议席由 21 席增加到 30 席，并且在“新九组”中，选民资格包括所有在业人员，并实行一人一票制。[②] 这种激进的政改方案扩大了港英立法局议员的直接选举成分，将功能组别的议员的间接选举制度变成直接选举制度，变相扩大了立法局直接选举议员的议席。立法局选举尽管在表面上与基本法的规定相“衔接”，可实际上已经完全无法“衔接”了。[③] 彭定康政改方案引起了中国政府的强烈反对，中方认为，彭定康在没有通过中英联合联络小组与中方达成共识之下，擅自对政

① 刘曼容：《港英政治制度与香港社会变迁》，广东人民出版社，2009，第 198 页。

② 范振汝：《香港特别行政区的选举制度》，（香港）三联书店，2006，第 52 页。

③ 强世功：《中国香港：政治与文化的视野》，三联书店，2010，第 287 页。

制作出重大改变，出现了“三违反”，并宣布“直通车”（即原来中英双方协议最后一届立法局议员可全数过渡成为特区第一届立法会议员）不再有效；决定“另起炉灶”，成立香港特别行政区筹备委员会预备工作委员会（简称“预委会”）以及临时立法会（简称“临立会”）作为第一届特区立法会成立前的替代，用以通过特区成立时“必不可少”的法律。[①] 这也难怪时任港澳办主任的鲁平直斥彭定康为“千古罪人”，彭定康的方案既在中央政府与香港普通市民之间制造了很大的矛盾，又培养出一批向往西方民主制度的“精英”，他们构成了极端民主派的主力，鼓吹尽早废除功能组别，并不断为此造势。

（二）《基本法》保留功能组别

1990 年 4 月 4 日第七届全国人民代表大会第三次会议通过《中华人民共和国香港特别行政区基本法》（简称《基本法》），其中附件二明确规定第二届和第三届立法会议员包括 30 名经功能团体选举产生的议员。基本法起草委员会主任委员姬鹏飞在作关于《中华人民共和国香港特别行政区基本法（草案）》及其有关文件的说明中，指出“香港特别行政区的政治体制，要符合‘一国两制’的原则，要从香港的法律地位和实际情况出发，以保障香港的稳定繁荣为目的。为此，必须兼顾社会各阶层的利益，有利于资本主义经济的发展；既要保持原政治体制中行之有效的部分，又要循序渐进地逐步发展适合香港情况的民主制度”。香港作为国际经济中心、金融中心和航运中心，工商界对保持香港的繁荣稳定发挥着重要的作用，在《基本法》中明确规定立法会保留功能组别，可以照顾工商界的利益，争取他们对香港顺利回归的支持，不使香港发生本地企业大规模外迁的情况。另外，港资对改革开放初期的中国经济建设功不可没，内地的经济发展需要港商的资金、技术和管理经验，《基本法》的有关规定可以使他们放心地对内地进行投资。因此，《基本法》第六十八条第二款规定：“立法会的产生办法根据香

① 资料来源于维基百科“香港政治制度改革”。

港特别行政区的实际情况和循序渐进的原则而规定，最终达至全部议员由普选产生的目标。”

二　从自由党在立法会选举中的结果看保留功能组别的必要性

（一）香港自由党的政策主张

由于自由党的组成人员以工商界人士为主，崇尚自由、民主与法治，因此其经济政策打上了自由经济的烙印；政制改革方面主张遵守《基本法》的有关规定，循序渐进发展适合香港的民主制度。这些政策主张在该党的党纲中都得到了集中的体现。自由党认为，“开放而高效率的小政府、自由市场经济和简单的低税率制度，有效巩固了我们所享有的社会及经济自由，这亦正是香港赖以成功的基石”。反对政府过多干预市场经济发展，要求减少税收和福利，提高政府透明度，维持香港公平的竞争环境。

在政治制度方面，自由党认为，“应该能让社会各界别的利益，都能得到公平的代表、谨慎的平衡与公正的维系。不能够认同社会上个别界别，因其人数、影响力或信条，便可以有不公平的支配地位”。关于政制发展问题，自由党的主张与《基本法》和全国人大常委会的有关决定相符合，应当循序渐进及符合均衡及公平原则。从自由党的党纲中“不认同社会上个别界别拥有不公平的支配地位”的阐述我们可以清楚地看到自由党希望工商界可以通过某种方式得到“公平的代表”，而功能组别选举就是一种重要的方式。

（二）自由党历届立法会选举结果

在港英政府时期，自由党依靠委任和功能组别选举的方式在立法局保留一定的席位，1995 年最后一届立法局选举，自由党依靠创党主席李鹏飞赢得一地区直接选举议席，而功能组别一举拿下 9 席，功能组别的议席数量甚至超过民主党、民协和民建联的总和。依赖功能组别的状况在回归后到

2012年为止的五次立法会选举中没有多少改变。

1. 1998年第一届立法会选举：地区直接选举候选人全部落选

此次立法会选举时任自由党主席李鹏飞参加拥有5个立法会议席的新界东地区直接选举，结果李鹏飞比利用余票拿到最后一席的何秀兰仅仅少了不足2000票，如表1所示。

表1 1998年立法会选举新界东选举结果

候选人编号	所申报之政治联系	候选名单	得票总数(百分比)
1	自由党	李鹏飞、黄耀梓、郑治国	33858(10.25%)
2	独立	黄宏发	44386(13.43%)
3	民权党	雷一鸣	2382(0.72%)
4	前线	刘慧卿、何秀兰	101811(20% +10.81%) 余票:35725票
5	民建联/公民力量	刘江华、张汉忠、陈平、温悦球、黄戊娣	56731(17.17%)
6	民主党	郑家富、黄成智、林咏然、何淑萍	84629(20% +5.61%) 余票:18543票
7	独立	简炳墀	6637(2.01%)

注：最后一席何秀兰35725票，10.81%。

资料来源：《1998年香港立法会选举》，维基百科，http://zh.wikipedia.org/wiki/。

此次立法会选举自由党没有拿到地区直接选举议席，李鹏飞辞去党主席职务，田北俊接任。但自由党通过功能组别选举和选举团选举一共获得10个议席，与民建联议席数相同，是立法会中第三大党。

2. 2000年第二届立法会选举：地区直接选举没有起色

此次立法会选举自由党主要领导人没有参加地区直接选举，即使参加新界东和新界西地区直接选举的自由党候选人名单得票数量也比较少，没有拿到地区直接选举议席。同样是依靠功能组别的8个议席，自由党保住了立法会第三大党的地位。

3. 2004年第三届立法会选举：斩获两个地区直接选举议席

此次立法会选举自由党重量级人物田北俊和周梁淑怡分别出战新界东和

新界西地区直接选举，并成功当选，这也是到当时为止自由党在地区直接选举中的最佳表现。加上功能组别获得的 8 个议席，拥有 10 个立法会席位的自由党一跃成为立法会第二大党。

4. 2008 年第四届立法会选举：地区直接选举全军覆没

此次立法会选举谋求连任的自由党正副主席田北俊和周梁淑怡在地区直接选举中全部落选，田北俊请辞，后由刘健仪接任。幸好依赖功能组别的7 个席位使自由党勉强维持立法会第三大党的地位。不过，选举后接连发生了两次退党事件，自由党的立法会议席数量一下减少到 4 席，地位被严重削弱。

5. 2012 年第五届立法会选举：地区直接选举重夺 1 席

这次第五届立法会选举，自由党田北俊在新界东成功突围，田北俊重返立法会，但时任党主席刘健仪在港岛区落选。功能组别选举自由党拿下 4 席，因此立法会一共获得 5 席，为立法会第五大党。

（四）自由党历次选举结果分析

表 2　自由党历届立法会选举结果

年份/选举	民选得票	得票率(%)	地方选区	功能界别	选举委员会	总议席
1998	50335	3.40	0	9	1	10
2000	24858	1.88	0	8	0	8
2004	118997	6.67	2	8	—	10
2008	65622	4.33	0	7	—	7
2012	48792	2.69	1	4	—	5

资料来源：自由党（香港），维基百科，网址：http：//zh. wikipedia. org/wiki/% E8% 87% AA% E7% 94% B1% E9% BB% A8_ （% E9% A6% 99% E6% B8% AF。

从表 2 可以清楚地发现，自由党在 2004 年得票数超过 10 万张，这是因为在 2003 年特区政府根据《基本法》第二十三条立法时，激起了香港特区部分很大的反对声音，并在 2003 年 7 月 1 日爆发了号称有 50 万人参加的大游行，时任自由党主席田北俊突然宣布辞去行政会议成员职务，迫使特区政府延后关于二十三条立法进程。但田北俊的行为给自由党带来了不少声望，第二年的立法会选举成功拿下两个地区直接选举议席。然而，2008 年、

2012年立法会选举自由党的得票数量在不断地减少，得票率已经不足3%，2008年连续有自由党籍立法会议员退党，对自由党打击甚大，有评论认为自由党面临泡沫化危险。尽管2012年的立法会选举自由党在地区直接选举中收获1席，但功能组别的议席数只有4席，自由党在泛民与民建联之间发挥斡旋作用的能力大大降低。

三　当下保留功能组别的现实考量

（一）均衡参与、保持香港长期繁荣稳定发展的需要

《基本法》第五条明确规定："香港特别行政区不实行社会主义制度和政策，保持原有的资本主义制度和生活方式，五十年不变。"而要保持原有的资本主义制度，香港的政治制度应当有效地配合资本主义经济的健康稳定发展，正如时任全国人大常委会副秘书长乔晓阳2004年4月在全国人大常委会关于香港特区2007年行政长官和2008年立法会产生办法有关问题的决定座谈会上的发言时指出的："要保持原有的资本主义制度，必然要求香港的政治体制必须能够兼顾各阶层、各界别、各方面的利益，既包括劳工阶层的利益，也包括工商界的利益，做到均衡参与。这里我要特别讲一下工商界的利益。可以说，没有工商界就没有香港的资本主义；不能保持工商界的均衡参与，就不能保持香港原有的资本主义制度。纵观当今世界的各个资本主义社会可以发现，其实均衡参与是所有成熟的资本主义社会的制度设计中都必须努力保障的一项基本原则，只是不同的社会，均衡参与的方式和途径有所不同罢了。比如，有的是通过两院制中的上院或参议院，有的是通过能代表各种不同阶层、不同界别、不同方面的政党等方式和途径来实现均衡参与。""目前香港保证各个阶层、各个界别、各个方面均衡参与的主要途径，一是由四大界别产生的800人组成的具有广泛代表性的选举行政长官的选举委员会，一是功能团体选举制度，拿后者来说，如果在既没有两院制又没有能够代表他们界别的政党来保证均衡参与的情况下，就贸然取消功能团体选举

制度，势必使均衡参与原则得不到体现，使赖以支撑资本主义的这部分人的利益、意见和要求得不到应有反映，那原有的资本主义制度又如何来保持呢？工商界的利益如果失去宪制上的保护，最终也不利于香港经济的发展，如此，也就脱离了《基本法》保障香港原有的资本主义制度不变的立法原意。”某些社会阶层的利益若得不到合理的照顾，就会直接危害经济的发展，影响社会的稳定与繁荣，所以应尽可能避免任何极端政策的施行。只有使各阶层的利益都能得到充分反映，才能促进各界人士相互间的对话与合作。①

根据《基本法》第四章第三节立法机关的规定，香港立法会是典型的“一院制”，在可预见的一段时间内改为“两院制”的可能性很低。这一方面关系到《基本法》的修改，但《基本法》刚刚施行了十几年，不可能贸然修改；另一方面香港属于小地域政治，“两院制”显得程序比较烦琐，并且不利于行政主导的贯彻。

如上所述，代表工商界利益的自由党在近几次的立法会直接选举议席中的表现不尽如人意，需要通过功能组别选举将本党党员输送进立法会，在立法会中代表工商界发声。一旦取消功能组别，自由党议员要想取得现在数量的议席难度非常大，就以 2012 年立法会地区直接选举来说，港岛区一共 7 个直接选举议席，时任自由党主席刘健仪得票数为 17686 票，比夺得该区最后一席的工联会候选人王国兴少了近 1 万票；新界东共有 9 个直接选举议席，即使当选的田北俊得票数仅比拿到最后一席的范国威多 2000 余票。

可以说，目前的自由党不善于打地区直接选举选战，由于历来代表工商界的背景，使自由党被打上了“富贵党”的标签，而随着香港的贫富差距越拉越大，两极分化愈发严重，特区政府统计处 2012 年发表的《香港 2011 年人口普查——主题性报告：香港的住户收入分布》显示，反映香港家庭收入分配公平程度的“基尼系数”2011 年为 0.475，与 2006 年的水平相若；但如果扣除税务及社会福利等因素，香港的实际基尼系数为 0.537，较 2006 年高，显示香港贫富差距进一步扩大，而且香港的实际基尼系数比新加坡的

① 廉希圣：《廉希圣文集》，中国政法大学出版社，2007，第 137 页。

0.482 和美国的 0.469 还要高。基层市民容易把怨气撒在自由党身上，再加上自由党基层工作比起民建联、民主党等政党来还有很大差距，缺少地区桩脚的鼎力支持及固票作用，自由党短期内很难在地区直接选举中有大的突破。功能组别的存在在当下看来意义重大。

（二）循序渐进发展香港民主的要求

香港特别行政区的选举制度既不能停滞不前，也不能发展过快。如果维持不变，就没有照顾到香港居民中的一部分人要求更多民主参与的要求，也忽视了将来香港特别行政区立法会的议员最终应做到由普选产生的目标。但是，要求立法会立即采用全民普选方式产生，即一人一票直接选举产生立法会议员也是不行的。选举方式是民主政治的一种形式，必须符合社会发展的水平和目标，才能有效。香港立法局自 1843 年设立以来，一百多年无选举议员，却要求香港特别行政区一成立，立法会议员全部采用普遍直接选举，没有一个循序渐进的过程，发展过快，不利于保障立法会有社会各界的代表参与，不利于各方面的利益得到照顾，这将会引起社会的动荡，影响社会稳定和经济发展。[①]

循序渐进是发展香港民主的一项重要原则，《基本法》附件二规定的立法会地区直接选举议席，由 2000 年第二届立法会的 24 席增加到 2004 年第三届立法会的 30 席，比 1998 年第一届立法会 20 个地区直接选举议席增加了 50%。针对 2007 年行政长官和 2008 年立法会产生办法的改革，特区政府政制发展专责小组公布了五份报告，就《基本法》中有关政制发展的程序问题、原则问题，产生办法中可予以修改的地方等事项做了详细的说明。2005 年，特区政府正式向立法会提交了在香港获得主流民意支持的政改方案，立法会改革方面增加 10 个新议席，5 席由地区直接选举产生，5 席由区议员互选产生，同样拥有广泛的民意基础。12 月 21 日，该方案在立法会表决中未获三分之二以上多数支持遭否决，使得 2007 年行政长官和 2008 年立

---

① 王叔文：《香港特别行政区基本法导论（修订本）》，中共中央党校出版社，1997，第 266 页。

法会选举不得不沿用之前的产生办法。为推动 2005 年政改方案在立法会顺利通过，特区政府做了大量的咨询工作，争取香港市民的支持。然而，泛民主派以该方案过于保守且没有定出明确的普选时间表为由投了反对票，这不禁让人产生疑惑，支持政改方案与普选时间表到底有什么冲突呢？可以使香港民主大跨步发展的政改方案未通过，错失机会的责任完全应当由泛民派承担。

中央和特区政府按照循序渐进的原则，诚心诚意推动政制改革，反对派的做法违背了历史潮流。香港的民主始终是要往前推进的，2007 年行政长官和 2008 年立法会选举后，2012 年产生办法的改革提上议程。2010 年 6 月，特区政府向立法会提出的改革方案顺利通过，其中不少地方是借鉴 2005 年被否决的政改方案。表决前，中央政府接受民主党提出的改良方案，民主党转而支持该方案，这说明泛民派内部的有识之士意识到香港的民主发展不能原地踏步，如果连续两届沿用之前的产生办法，对中央政府、特区政府、泛民派以及香港市民都没有好处。废除功能组别同样是不可接受的，只有循序渐进，在互相尊重、凝聚共识的基础上积极稳妥地推进香港民主发展才是最好的出路。

（三）有利于行政主导的实现

尽管“行政主导”一词从来没有在《基本法》中出现过，然而，无论是从《基本法》的立法原意，还是从《基本法》所赋予行政长官的宪制地位和特区政府的宪制权力而言，香港的政治体制肯定是一个行政主导的政治体制。然而，宪制背后的立法原意与实际情况往往南辕北辙。①

香港的政治实际上立法对行政制约多、配合少，某些激进民主势力甚至“为反对而反对”，通过“拉布”方式（是指在立法会故意发表冗长演说，以拖延表决）阻挠政府提出的议案顺利通过。行政会议召集人林焕光多次表示“行政、立法关系欠佳，令施政困难，日前在电台表示，现届政府面

① 刘兆佳：《香港 21 世纪蓝图》，香港中文大学出版社，2000，第 1 页。

对回归以来最大的政治僵局，更形容为‘临界点’。”① 政府施政处处受到立法会的制约，如近期将军澳堆填区扩建工程的拨款申请遭到了民建联、工联会等建制派政党的一致反对，特区的政府被迫撤回该申请，新一届特区政府俨然成为“弱势政府”。此外，立法会通过不断扩权，直接危及了行政主导模式在香港的实现，在行政主导体制的优点还没有充分发挥的条件下，我们必须密切关注政制发展中的“立法主导”倾向。②

虽然在一些民生议题上，建制派政党可能提一些反对意见，但是在政改问题上，建制派还能与特区政府立场保持一致，但泛民派一直认为香港的民主化进程速度过慢，要求加快该进程。如果取消功能组别，按2012年立法会地区直接选举的得票率情况（见表3），建制派能否赢得半数以上的议席将打上一个大大的问号。

表3　2012年立法会地区直接选举建制派与泛民主派得票数据

香港岛

阵　营	所得议席	参选名单数	总得票	总得票比例(%)
泛民主派	3	6	181292	54.80
亲建制派	4	5	145729	44.05
其他人士	0	3	3745	1.15

九龙西

阵　营	所得议席	参选名单数	总得票	总得票比例(%)
泛民主派	3	4	143166	61.68
亲建制派	2	2	81911	35.29
其他人士	0	3	7004	3.03

九龙东

阵　营	所得议席	参选名单数	总得票	总得票比例(%)
泛民主派	2	5	154734	54.33
亲建制派	3	3	126785	44.52
其他人士	0	1	3263	1.15

① 《曾钰成：比例代表制仍合适香港》，http：//www.zhgpl.com/doc/1026/1/7/8/102617899.html? coluid = 93&kindid = 8170&docid = 102617899&mdate = 0708002944。

② 郝建臻：《香港特别行政区行政与立法的关系》，法律出版社，2011，第117页。

续表

新界西				
阵　营	所得议席	参选名单数	总得票	总得票比例(%)
泛民主派	4	8	272166	54.58
亲建制派	5	5	186875	37.47
其他人士	0	3	39569	7.93
新界东				
阵　营	所得议席	参选名单数	总得票	总得票比例(%)
泛民主派	6	9	261577	56.28
亲建制派	3	7	196889	42.36
其他人士	0	3	6279	1.35

资料来源：《2012 年香港立法会选举》，维基百科，http：//zh.wikipedia.org/wiki/2012%E5%B9%B4%E9%A6%99%E6%B8%AF%E7%AB%8B%E6%B3%95%E6%9C%83%E9%81%B8%E8%88%89。

从以上数据我们可以清楚地看到，5 个地方选区建制派得票率都没有超过 50%，九龙西和新界西的总得票率甚至都没有超过 40%，但由于建制派配票成功，才能在地区直接选举议席数量上只比泛民派少 1 席。

此外，根据 2010 年政改方案，本次立法会选举新增 5 个区议会（第二）功能界别议席，俗称超级区议员或超级区议会，是指本次立法会有五个区议员拥有参选权、提名权，并由全港未有其他功能组别投票权的选民（不包括因所属界别候选人自动当选而失去功能组别投票机会的选民）一人一票选出的议席。由于区议会（第二）功能组别选民基础庞大，所有需投票功能界别登记选民人数为 3436710 人，区议会（第二）登记选民人数就占据了 3219731 人，因此区议会（第二）选举结果极具指标性意义，两派就超级区议会选举都非常重视，派出精兵强将参加选战，结果泛民主派拿下其中的 3 席，得票率高出建制派 5 个百分点。

假设功能组别被完全取消，泛民主派很有可能拿下半数以上的议席，行政长官领导的行政机关将举步维艰，行政主导会成为一句空话。一方面，激进民主派人民力量和社会民主连线（简称“社民连”）的得票率大幅度上升，2012 年立法会选举两党加起来的得票率达到 14.69%，超过公民党和民主党各自的得票率。根据香港中文大学政治与行政学系高级讲师蔡子强的数据分析，激进民主派在社会各阶层的得票率分布不再平均，而有向草根阶层靠拢的趋势，其票源很大比例是来自18~30岁的年轻人，而且受教育程度较高。2012年立法会选举中激进民主派吸走大量温和民主派的选票，有可能在未来提出更加激进的政策主张以吸引年轻选民。另一方面，香港立法会地区直接选举采用比例代表制，按照“迪韦尔热定律”：一轮简单多数投票制有助于促成两党制；比例代表制（不管是采用比例代表制中的政党名单形式还是单记可转让投票制形式），多党制倾向于持续存在。[①] 一旦废除功能组别，在维持目前比例代表制和立法会70个议席数量不变的前提下，立法会五大选区最后一名当选议员的得票率将进一步降低，以2012年的立法会选举为例，在五大选区，香港岛、九龙东、九龙西、新界东和新界西，最后一个当选议席的得票率分别为8.3%、13.5%、14.9%、6.2%及6.8%。香港岛、新界东、新界西3个选区的当选门槛都低于10%得票率，而它们拥有的议席数目分别为7席、9席及9席，比起九龙东、九龙西的5席为多。如果香港立法会推行全面普选，选举制度又一成不变，预料当选门槛大有可能跌至3%~4%，议会和政党的细碎化会更加严重。议会和政党的细碎化，不是一个无关痛痒的数字游戏，那更牵涉政党的行为模式，形成各走偏锋的激烈政治。在单议席单票制下，如果要稳赢一个议席，理论上，你要拿到51%的选票，因此政见亦要向中间多数选民靠拢，趋向中间温和；但若然是多议席下的比例代表制最大余额法，如前面所述，你要争取的可能只是5%甚至更少的选民，也无碍当选。[②] 到时会有更多激进的民主势力进入立法会，当然也不排除传统爱国团体争取到席位，不过在特区政府在立法会没有稳定多数支持的情况下，以后政府要想提案获得通过，想必要大大增加游说的力度，在行政机关与立法会相互扯皮间，有可能丧失政策出台的最佳时机。

一个决策及时、追求效率、运行平稳并起主导作用的行政运作体制，适

---

① Maurice Duverger, *Political Parties*, London: Methuen, 1954, p.217，转引自〔英〕艾伦·韦尔《政党与政党制度》，谢峰译，北京大学出版社，2011，第177页。

② 蔡子强：《比例代表制：早知今日，何必当初》，《明报》2013年8月1日。

合香港的实际需要，有利于香港经济的发展和社会的应变。《基本法》关于行政主导的安排，充分考虑了香港以经济为主的城市功能。[①] 全球化时代的香港，本应对国际经济形势的变换迅速作出反应，行政机关与立法会之间的消耗战势必降低香港的国际竞争力，受损的将是香港城市自身。

在自由党没有壮大、建制派得票率仍低于泛民主派十几个百分点的情况下，贸然废除功能组别将为行政主导体制设置更大的障碍。因此，特区政府在2004年4月政制发展专责小组第二号报告中写明“任何方案须以完善行政主导为上，不能导致恶化现行行政立法未能充分互相配合的问题”。

四 保留功能组别，给予工商界政党发展壮大时间

一旦取消功能组别，工商界的利益如何得到确实有效的保障？没有为工商界发声的未来是否迫使政府制定更多使工商界利益受损的政策？正是由于对未来的不安，使得他们视功能组别为重要的参政渠道。

通过上文的分析，笔者认为当下有必要保留功能组别，但不是要永远保留功能组别，只是各方面能够正视香港作为金融中心、贸易中心和航运中心的现实，看到工商阶层在维护香港的经济繁荣与稳定作出的贡献，以及代表工商界的自由党在地区直接选举中不能取得令人满意的结果的实际，维持功能组别的存在，让代表工商界的议员拥有在立法会直接发表意见的权利，传达工商界的心声，实现“均衡参与”是很有必要的。

目前，香港参与型政治文化已经形成，不仅标志着香港政治化程度的提高，而且反过来对香港的政治生活产生了深刻的影响。市民对政治事件的态度更加积极和敏感，对政治进行参与的积极性大大提高，一个政治议题或事件引起全港市民关注乃至参与的可能性增大了。[②] 普遍认为，香港的政治光谱根据政治倾向的不同分为建制派与泛民派，在泛民派及舆论的裹挟下，争

---

① 杨建平：《论香港实行行政主导的客观必然性》，《中国行政管理》2007年第10期。
② 周平：《香港政治发展：1980～2004》，中国社会科学出版社，2006，第204页。

议的焦点集中在“双普选”问题上。但是，香港的价值在于它是经济城市，而非政治城市，香港一旦堕入“民粹主义”的泥潭，必然过分政治化，使香港社会难以稳定，经济难以发展——这是值得香港人和每一个关心香港的人认真思考的问题。[①] 我们应当跳出传统的框框，实际上香港市民最关心的是民生问题和经济问题，最后才是政治问题，许多示威民众走上街头是在发泄对经济、社会问题的不满，而并非仅仅针对“双普选”问题。这从香港大学民意研究计划 1992 年 12 月到 2013 年 6 月持续性民意调查结果可以得到有力的证明（见图 1）。

正如时任自由党主席刘健仪在2011 年接受中评社采访时指出的：“香港的政党生态有一个怪异现象：两大党（民建联和民主党）都走基层路线，倡议社会福利主义，但是如果香港变成另一个福利社会，商人就没有兴趣继续在这里投资了。香港过去的成功，是因为商业繁荣，香港应该继续是个赚钱的好地方，保持自己的优势。”有鉴于此，刘健仪呼吁：“香港的商界不可继续‘散沙一盘’，应该整合成一股政治力量，争做‘香港的共和党’。”[②] 尤其是在 2012 年立法会地区直接选举中鼓吹激进民主和福利改革的激进民主派得票的大幅度增加的情况下，更需要在立法会中有一股牵制香港滑向福利社会的政治力量长期存在。

要把“行政主导”落到实处，除了走基层路线的民建联和民主党，还需要整合代表工商界利益的政党，自由党在建制内，又不比民建联、工联会等与中央政府走得那么近，在以民建联为主的传统建制派与以民主党为首的泛民派之间有大量的中产阶级、中小企业界选民可以争取。2012 年 10 月成立的香港经济民生联盟（简称“经民联”）同样是严重依赖功能组别的政党，虽然该党目前为立法会第二大党，但 7 个议席中有 6 个来自功能组别，包括地产及建造界、商界（第一）、金融服务界等。由于该党成立时间较

---

① 张定淮主编《1997～2005：香港管治问题研究》，（香港）大公报出版有限公司，2005，第 27 页。

② 《刘健仪主席：争做“香港的共和党”》，http://www.zhgpl.com/crn-webapp/doc/docDetailCreate.jsp?coluid=0&kindid=0&docid=101771906。

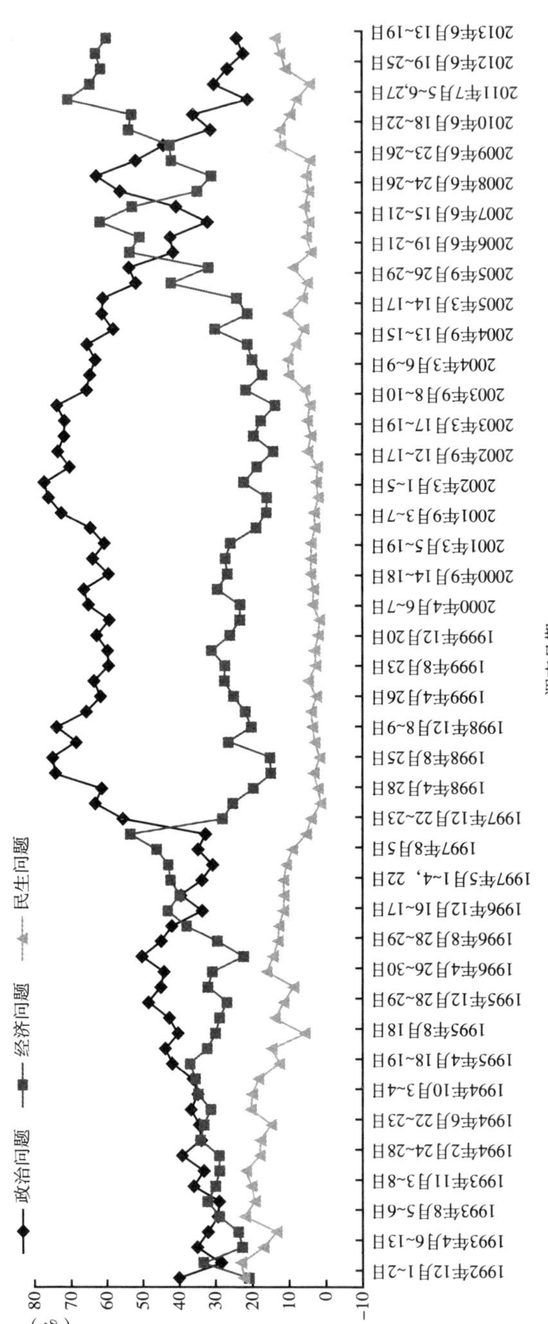

图 1　市民最关注的问题

资料来源：香港大学民意研究计划，网址：http://hkupop.hku.hk/chinese/popexpress/mostcon/mconq88/poll/mconq88_poll_chart.html。

短，仅仅一年多，需要进一步观察该党的发展。当然，自由党等工商界政党的进一步发展、壮大需要时间，但从 2008 年分裂的低谷走出来的自由党有着良好的发展势头，2012 年田北俊重夺地区直接选举议席，尽管时任党主席刘健仪落选，但她起了非常好的表率作用，原本可以凭借航运界别十拿九稳进入立法会的她选择投入竞争激烈的港岛区选战，也是向外界发出自由党一直积极参加地区直接选举的信号。假以时日，理想的架构是传统建制派、泛民主派与自由党为代表的第三种势力就像风扇的三片扇叶，这三片扇叶以“行政主导”为核心高速运转（见图 2）。

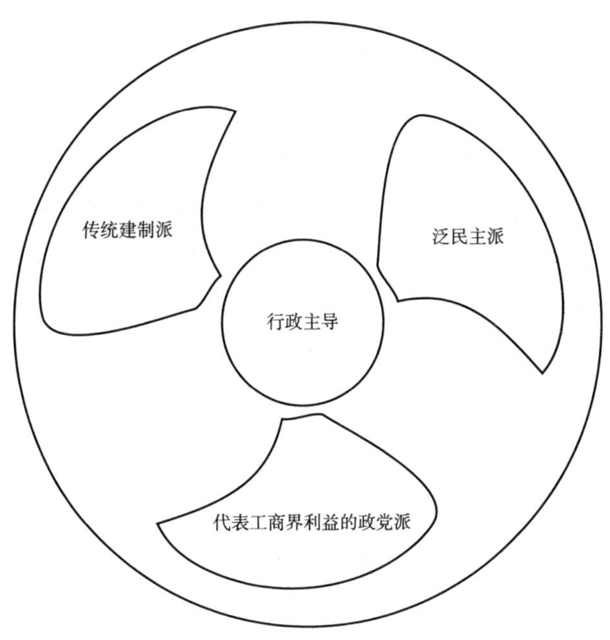

图 2　以行政主导为核心的三片扇叶结构

工商界政党要成为第三片“扇叶”，以自由党为例，至少需要做好以下几个方面的工作。首先，应保持内部团结、稳定发展。不得不提 2008 年立法会选举后刘皇发、林健锋、梁刘柔芬、梁君彦相继宣布退出自由党，再加上当年不少区议员退党，合格党员由原本约 1000 人骤减至 300 余人，严重影响了自由党的发展。其次，大力向香港全社会推广本党的价值理念，香港自由党的很多政策主张与美国共和党相似，因此刘健仪提出要做“香港的共和党”，关键是减税、削减社会福利开支的主张能在目标选民群体尤其是中产阶级中引起共鸣，使他们认同并接受自由党限制政府规模、支持商业发展的价值理念，这样就可以在选举中获得大量的稳定支持者。最后，重视地区工作，发展地区桩脚，发挥地区桩脚的固票作用，自由党可以先大力发展中产聚集区的基层工作，然后向公屋区和租屋区发展，吸引他们的选票。自由党 2011 年区议会选举拿下 9 个民选议席，数量超过了泛民派的公民党，自由党可以继续做好区议会选举这篇大文章。

五　结语

香港大学著名学者陈弘毅教授指出，在政制民主化问题上，相信在决定进一步加快香港未来普选制度的步伐时，以下的因素将有关键性的作用：政党发展的成熟程度、工商界通过普选参政的积极性、“反对派”与中央的关系。[①] 目前香港特区政改的焦点集中在 2017 年特首普选问题，但功能组别改革是工商界迟早要面对的问题，对此，工商界别应有危机感，政党的培育发展需要时间及财力等的支持，工商界不缺资金，关键是时间。如果 2017 年行政长官顺利实现普选，2020 年针对功能组别进行大规模改革以符合普选立法会的要求在所难免，到时工商界再想全身心投入地区直接选举，恐怕为时已晚。工商界政党应着力培养锻炼政治人才，提高议政能力，比如“最低工资标准”议案，[②] 不能仅仅站在本界别的立场上考虑问题，因为该议案的通过将影响香港广大市民，在这个过程中提出与普通市民意愿相差过大的提议，容易引起普通市民的反感与不满，看似代表了本界别利益，实际上背离了民意。因此，政治是门妥协的艺术，把眼光放长远些，一些短期内看似影响工商界利益的议案若从长期看可以推动香港社会整体发展，实际上

---

① 陈弘毅：《香港特别行政区的法治轨迹》，中国民主法制出版社，2010，第 174 页。

② 2010 年香港立法会讨论制定《最低工资条例》，自由党饮食界立法会议员张宇人最初提议最低工资定为每小时 20 港元，因数额过低饱受争议。

是有利于工商界的。总之，当下保留功能组别可以为自由党等工商界政党争取宝贵的发展壮大时间，希望在日后可以发展成为与传统建制派和泛民主派相互制衡且并驾齐驱的政治力量。

参考文献

[1] 李晓惠:《迈向普选之路——香港政制发展进程与普选模式研究》,(香港)新民主出版社,2013。

[2] 陈弘毅:《一国两制下香港的法治探索》,(香港)中华书局,2010。

[3] 马岳:《港式法团主义》,香港城市大学出版社,2013。

[4] 马岳:《香港政治——发展历程与核心课题》,香港中文大学香港亚太研究所,2010。

[5] 马岳、蔡子强:《选举制度的政治效果——港式比例代表制的经验》,香港城市大学出版社,2003。

[6] 刘兆佳:《回归十五年以来香港特区管治及新政权建设》,(香港)商务印书馆,2012。

[7] 肖蔚云:《香港基本法的成功实践》,北京大学出版社,2000。

[8] 杜叶锡恩:《我眼中的殖民时代香港》,中国青年出版社,2006。

[9] 程洁:《香港宪制发展与行政主导体制》,《法学》2009 年第 1 期。

[10] 周平:《20 多年来香港政治生态的改变》,《云南大学学报》(社会科学版)2005 年第 2 期。

[11] 强世功:《政制发展之谜(上)——香江边上的思考之十一》,《读书》2008 年第 10 期。

[12] 强世功:《政制发展之谜(中)——香江边上的思考之十二》,《读书》2008 年第 12 期。

[13] 强世功:《政制发展之谜(下)——香江边上的思考之十三》,《读书》2009 年第 2 期。

政党体系与行政主导*

李建星**

摘　要：香港政党体系已从回归前的三派实力相对均衡转化为“建制派—温和民主派—激进民主派”的不合理政党体系，造成社会共识的破裂。由于政党不能与行政权力相结合、统合立法会支持较难以及“管治者同盟”不牢靠等因素造成行政主导弱化。因此，有必要采取巩固联合政府的方法，任命政党成员进入行政会议、扩大政治委任、完善立法会党团等措施强化“管治者同盟”，确保立法会支持政见取向，重建强势行政主导。为建立“温和多党制”政党体系，行政主导可淡化政治争议，发展民生经济，支持“管治者同盟”政党开展地区工作等。

关键词：行政主导　联合政府　政党体系　政治委任

香港政党体系在回归之前基本成型。① 回归后，政党以新设、合并、退

* 项目信息：教育部人文重点基地重大项目“香港特别行政区司法权与终审权问题研究”（项目编号：12JJD81008）；中央高校基本科研业务费专项资金资助（项目名称：香港选举制度的发展与政治体制的变化）。

** 李建星，华东政法大学博士研究生。

① 刘曼容：《港英政府政治制度与香港社会变迁》，广东人民出版社，2009，第198~199页。

出等方式[①]在不断重组。

让－马里·科特雷、克洛德·埃梅里认为，选举制度、政党制度、政治制度存在环形影响关系：政治制度变化，引发选举制度改变，进而影响政党制度与政党体系。反过来，政党制度与政党体系也会影响政治制度。[②]

《基本法》未规定政党制度，但现实政治运作中，香港已存在多个政党。现时政党体系如何？行政长官不得具备政党背景，因此，政党成为“功能缺失性政党”，未获得行政权，[③] 故只得以立法会为主要活动场所，可以说，立法会直接体现政党体系。政党体系如何通过立法会影响行政主导呢？反过来，行政主导又能否影响政党体系呢？

本文将结合法律制度的演变，从政治运作的角度，论述行政主导与政党体系的关系。本文首先描述回归前后的香港政党体系，然后，指出现时行政主导存在的问题。最后指明，要实现香港的繁荣稳定，行政主导应当如何回应政党体系，并影响政党体系。

一　不合理三分：现时政党体系

萨利托提出政党的最低度界说，认为政党是由其在选举中出现的标签而辨认，并可能使其候选人，经由自由或不自由的选举而担任公职的任何政党

① 1. 新设：（1）以是否有原有组织为标准，分为完全新设和分裂新设。前者是指在完全没有原有组织的情况下，成立新的政党，如新民党。后者是在有原来政治组织的情况，部分成员退出该组织，自组新党。四名成员退自由党组成经济动力。（2）以是否已经在议会内存在议席为标准，分为外生型新设与内生型新设。前者如2006年，原来的“《基本法》四十五条关注组”正式成为公民党。后者如2011年成立的工党。

2. 合并的基础至少是政治意识形态保持一致。较大的合并包括，2005年，民建联与港进联合并。前线与民主党在2009年合并，成立新民主党。

3. 退出。部分政党由于无法获得支持，逐步退出政治舞台。

② 让－马里·科特雷、克洛德·埃梅里：《选举制度》，张新木译，商务印书馆，1996，第118页。

③ 张定淮：《1997～2005：香港的管治问题研究》，香港大公报出版有限公司，2005，第157页。还有学者认为，香港制度在限缩政党实现其目的的空间。曹旭东：《香港政党政治的制度空间》，《法学》2013年第2期，第118页。

团体。[①] 从实质上讲，香港政治团体在组织自身、与政权关系、与社会关系三方面均已具备政党实质；[②] 从法律上，对《行政长官选举条例》第三十一条采反面解释，也能说明政党的存在。

政党体系是指党与党之间竞争而成的互动体系。[③] 既然存在政党，且政党之间存在竞争，则政党体系也存在于香港。

（一）回归之前的政党体系

回归之前，政治权力通过选举制度向社会公开，决定香港政党体系存在发展的可能。以1982年首次区议会直接选举为开端，香港政治权力之门在立法局、市政局和区域市政局、区议会等三个层次向社会逐步打开。原先已经存在的压力团体逐步向政党演进。

与回归后特区政府的关系决定政党的政治态度。由部分激进知识分子组成的民主组织在1989年之后逐渐发展成为反对派政党，如民主党、前线、民协等。左派工会组织逐步发展成为与中央政府关系较好，由基层普通劳工、专业人士利益组织的爱国爱港派政党，如民建联。产生于立法会内的“启联资源中心”逐步政党化为自由党，其政治态度从港英政府的“救火队员”改变为中英间保持中立派。[④] 反对派政党在立法局——特别是地区直接选举中占据较大优势。[⑤]

（二）回归之后的政党体系

回归之后，爱国爱港派与中间派政党加入政府的“管治者同盟”，称为建制派，而反对派政党则转化为“泛民主派”。

---

① Gioavanni Sartori, *Parties and Party Systems: A Framework for Analysis*, Cambridge University Press, 1976, pp. 61 - 63.

② 朱世海：《香港政党研究》，时事出版社，2011，第71页。

③ Giovanni Sartori, *Parties and Party Systems: A Framework for Analysis*, Cambridge University Press, 1976, p. 44.

④ 郑宇硕：《九十年代香港的政治发展》，郑宇硕、雷竞璇主编《香港政治与选举》，牛津大学出版社，1995，第78页。

⑤ 周建华：《香港政党与选举政治》（1997 ~ 2008），中山大学出版社，2009，第9页。

政党体系因政党重组不断处于变动状态。按香港《立法会条例》第四十九条，立法会地区直接选举采取比例代表制的点票与计票方式。根据迪韦尔热定律，比例代表制倾向于产生出互相独立的政党，有利于小党进入议会。[①] 政党数量在不断增加。在 1998 年，只有 8 个政党在立法会有席位，但到 2012 年，已有 20 个政党在立法会有席位。

在建制派方面，以自由党为首，由于其政治定位不明确，导致直接选举选民大幅减少。[②] 甚至出现在 2008 年立法会地区直接选举中，候选人全部落选的情况。虽然立法会的建制派政党数量增加，但名额在向民建联与工联会集中。在泛民主派方面，特别是在 2010 年，政改之后，泛民主派分裂为温和民主派与激进民主派。与以民主党为首的温和民主派在 2012 年立法会选举的失利对应，使激进民主派的实力扩大，地区直接选举议席由 2008 年的 7 席增加到 2012 年的 9 席。

由此可见，政党体系已从回归前的三派实力相对均衡转化为“建制派—温和民主派—激进民主派”。政党具有吸纳、代表社会意见的功能，选民也会在其中选择可以代表自己政治观点的政党。现时的“建制派—温和民主派—激进民主派”的政党体系使社会意见缺乏中间缓冲地带。选民只得在“建制派”与“民主派”之间选择，甚至只能选择“温和民主派”或“激进民主派”。公共议题政治化，或者成为意识形态争议的牺牲品。在土耳其，20 世纪 70 年代，其政党制度高度波动性、碎片性、意识形态的两极分化。在意识形态上缺乏包容力且短命的联合政府无法约束政治暴力与恐怖，最终导致整个制度崩溃。[③]

香港即便不会出现如土耳其的宪政危机，也可能造成社会的冲突气氛浓厚，难以达成社会共识，更遑论推动“政改”及“普选”。

---

① 让－马里·科特雷、克洛德·埃梅里：《选举制度》，张新木译，商务印书馆，1996，第 111 页。

② 周建华：《香港政党与选举政治（1997～2008）》，中山大学出版社，2009，第 176 页。

③ 拉里·戴蒙德、理查德·冈瑟：《政党与民主》，徐琳译，上海人民出版社，2012，第 260 页。

二 “想象”强势：行政主导弱化

港英政府奉行“行政吸纳政治”的模式，通过咨询体系等诸多行政机制吸纳社会不同声音。[①] 回归之后，特区奉行的是行政主导体制。行政主导是指《基本法》所规范的立法、行政、司法三者关系的政治体制中，以行政为主导，其中最重要的就是行政长官在特区政权机构的设置和运作中处于主导地位。[②] 为保证行政主导强势，宪制结构作出诸多设计：行政长官不得为政党人士；行政长官依照《基本法》第四十三、第四十八至第五十一、第五十九、第六十、第七十四、第八十八、第八十九条等掌握着特区主要权力，其中，第四十九至第五十一条专门针对与立法的关系；立法会地区直接选举采取大选区与比例代表制，进一步降低立法会大党的压力。[③]

宪政设计者的良好愿望在实践中无法有效实现。立法会对行政主导强牵制、行政立法关系紧张。[④] 更有学者直指，“政治权威失落，行政主导空洞化”[⑤]。

从理论上，认为其原因有二：一是《基本法》要求行政长官向立法会负责的制度漏洞为反宪制架构的精英群体提供了博弈平台，进而造成碎片化的制度体制和精英体系。[⑥] 二是立法权与司法权的扩展是对行政主导体制的

---

① 诺曼·J. 迈因纳斯：《香港的政府与政治》，上海翻译出版公司，1986，第 310 ~ 311 页。

② 傅思明：《香港特别行政区行政主导政治体制》，中国民主法制出版社，2010，第 32 页；肖蔚云：《论香港基本法》，北京大学出版社，2003，第 829 页。

③ 朱世海：《香港政党研究》，时事出版社，2011，第 6 页。

④ 政制发展专责小组第二号报告中明确承认，“行政及立法机关基本上分别由不同背景及理念的人士出任，行政与立法机关每每只能互相制衡，但不能做到充分互相配合的情况，加上在现行制度下，行政长官在立法会中没有固定的支持，以致对行政主导及施政效率造成不良影响”。

⑤ 张炳良：《特区政治权威失落，行政主导空洞化》，《信报》2005 年 1 月 12 日。

⑥ 张敏：《香港宪制转型视野下的行政主导体制》，《珞珈政治学评论》编辑委员会主编《珞珈政治学评论》（第四卷），武汉大学出版社，2011，第 159 页。

一种致命的打击,[①] 以前者为甚。排除司法权的问题，单以立法权论，实际都是行政主导无法获得立法会稳定支持所致。

许多国家亦采用比例代表制，政党体系呈现为多党制，此时，配套奉行内阁制，由议会多数党组织政府，政府与议会的关系实际是党政关系，政府天然获得议会内的稳定支持。然而，这在香港无法实现。

第一，政党不能与行政权相结合。依据《基本法》附件一、附件二，行政机关与立法议员采取不同途径产生，行政长官、主要官员、立法会议员的政治背景并无必然联系。[②] 政党只得在立法会中活动，此时的立法会倾向寻找和彰显行政机构的过错以令后者陷于尴尬被动，从而扩大自身的势力范围。此时，立法会全体变成行政权的“集体反对派”。[③]

第二，因采用比例代表制，立法会的政制力量多元，增加了行政机关统合立法会内支持的难度。[④] 行政机关要通过政策，需与多个政党谈判，分别获得支持，方能通过法案。

第三，“管治者同盟”不牢靠。基于保证“一国”的实现，“管治者同盟”的政党在有关“一国两制”的重大议题上与中央政府保持一致。但以上政党在制定经济、民生政策就要以各自代表的阶层或界别利益为依归，特别是要对特区政府施政失误负责时，就极可能采取与政府相悖的态度。如在2003～2004年，“管治者同盟”陷入危机，直至新任行政长官就职后才解除。[⑤]

---

① 程洁：《香港宪制发展与行政主导体制》，《法学》2009年第1期，第48页。

② 这也得到前任行政长官曾荫权的认可。全国人大常委会香港基本法委员会办公室编《纪念香港基本法实施十周年文集》，中国民主法制出版社，2007，第18页。

③ 雷竞璇：《“鸟笼民主政治”下的选举——分析香港特别行政区立法会首次选举》，香港海峡两岸关系研究中心，1998，第25页。

④ 戴耀廷：《回顾香港特区十五年：法治、管治与政治》，《香港基本法实施十五周年国际学术研讨会论文集》，第62～63页。

⑤ “管治者同盟”在2003～2004年，连续陷入三次危机：第一次，自由党主席田北俊辞去行政会议成员职务，自由党立法会议员不再支持《国家安全（立法条文）条例草案》如期二读；第二次，是第二次区议会选举后，民建联主席曾钰成辞职，民建联公开否认执政联盟的存在；第三次，2004年，特区政府多项政策遭到建制派反对。傅思明：《香港特别行政区行政主导政治体制》，中国民主法制出版社，2010，第250页。

三 联合政府：政党纳入行政主导

从本质上讲，行政立法紧张，行政主导弱势是行政主导无法融合政党体系的后果。如何突破这种现状，重建行政主导呢？

（一）现时联合政府结构

学者总结各国宪制，归纳出行政立法——党政关系的运作结构模型，见表 1。①

表 1 宪政体制与政府组成制约下的行政与立法及党政关系

序号	宪政体制与政府组成	行政与立法关系	党政关系
1	总统制一党多数政府	稳定、向行政倾斜	非政党府会关系
2	内阁制一党多数政府	稳定、向行政倾斜	执政党党内关系
3	双首长制一党多数政府	稳定、向行政倾斜	各种政党关系
4	总统制分立(少数)政府	不稳定、府会势均力敌	非政党关系
5	内阁制少数政府	不稳定、国会之上	政党府会关系
6	双首长少数政府	不稳定、国会主导权	朝野政党关系
7	总统制联合政府	不稳定、向行政倾斜	政党府会关系
8	内阁制联合政府	多样性、多变性	政党之间关系
9	双首长联合政府	三边关系、向行政倾斜	政党之间关系

另有学者归纳出，在不同互动结构下的政治稳定情况，见表 2。

表 2 府会关系、总统权力、国会政党体系互动下的政治稳定级数

政治稳定级数	府会关系	总统权力	国会政党体系	多数/少数内阁	总统参与/不参与	单一/联合内阁
1	一致	小	两党制	多数	参与	单一
2	一致	小	多党制	多数	参与	联合
3	一致	大	两党制	多数	不参与	单一
4	一致	大	多党制	多数	不参与	联合

① 林水波：《政党与选举》，五南图书出版股份有限公司，2006，第 95 ~ 121 页。

续表

政治稳定级数	府会关系	总统权力	国会政党体系	多数/少数内阁	总统参与/不参与	单一/联合内阁
5	分立	小	两党制	少数	参与	单一
6	分立	小	多党制	少数	参与	联合
7	分立	大	两党制	少数	不参与	单一
8	分立	大	多党制	少数	不参与	联合

注：1 级最高，8 级最低，由上往下降序排列。

资料来源：参见王维芳《半总统制与民主制国家的制度设计与政治稳定——蒙古及波兰的比较研究》，政治大学中山人文社会科学研究所博士论文，2003，第 30～31、32～33 页。转引自何振盛《政党体系变迁及宪政体制发展》，时英出版社，2010，第 351～352 页。

依照《基本法》第四十三、六十条，行政长官是特区与行政机关的首长，享有广泛的权力。行政长官与立法会由各自选举产生，不存在强关联性。因此，行政长官具有总统制的特征。另外，立法会地区直接选举采取比例代表制，倾向发展出多党制，难有一个政党掌握立法会的多数议席。基于以上限制，香港宪制结构只得选择表 1 中的总统制分立（少数）政府、总统制联合政府两种模式。

要重建行政主导，保证行政权优势地位，保持政府稳定性，优先选择政治稳定系数较高的总统制联合政府。此时，特区政府获得 4 级，中等的政治稳定性。上文所指的“管治者同盟”,[①] 即政府委任建制派政党成员进入行政会议，体现组成联合政府的特征。香港“管治者同盟”是基于与中央、特区政府关系友好而结合，而且，这种结合主要是在立法会里面，获得立法会的稳定支持。现时的“管治者同盟”内的政党联盟属于志同道合型的政党议会联盟。[②]

① 刘兆佳主编《香港二十一世纪蓝图》，香港中文大学出版社，2000，第 14 页；邵善波：《〈香港特别行政区基本法〉下的行政立法关系》，陈广汉、刘祖云、袁持平主编《香港回归后社会经济发展的回顾与展望》，中山大学出版社，2009，第 140～141 页。

② 政党执政联盟是指两个或两个以上的政党参与的，旨在一定期限内实现一个共同目标的联合行动。政党联盟包括政党选举联盟、政党议会联盟、政党执政联盟三种形式。吴国庆：《法国政党和政党制度》，社会科学文献出版社，2008，第 300 页。政党结盟分为志同道合、伞状、联合阵线。一是有意识形态上的共识者所作的结合，二是以魅力领袖为中心形成的联盟，三是单一议题的合作。何振盛：《政党体系变迁及宪政体制发展》，时英出版社，2010，第 237 页。

（二）强化“管治者同盟”，确保立法会支持

选票、政策与官职构成联合政府政党竞合关系的三个主要层面。[①] 联合政党支持政府并非其义务所系，其需要在支持政府和寻求本党利益最大化之间权衡时。如果政府施政的失误连连，如政党仍毫无节制支持政府，则意味着在选举中会流失选票。[②] 因此，为弥补在选票中的可能流失，政府要加强“管治者同盟”，应当注重从政策与官职两个方面纳入政党，以此保证立法会内的稳定支持。

1. 任命政党成员进入行政会议，制定政策

对政党而言，联合政府的一种动机是工具性，目的是在联合政府议价过程中，影响公共政策的产出。[③]

依《基本法》第五十四条，行政会议是协助行政长官决策的机构。尽管行政会议不具有实际的权力。但依第五十六条，行政长官在作出重要决策、向立法会提交法案、制定附属法规和解散立法会前，须征询行政会议的意见，行政长官如不采纳行政会议多数成员的意见，应将具体理由记录在案。由此可见，行政会议在政策制定中具有极为重要的地位。

依《基本法》第五十五条，行政会议由三部分人员组成：行政机关主要官员，立法会议员、来自社会上的知名人士和专业人士。由此，行政会议成为立法和行政沟通的纽带、联系的桥梁。如行政与立法对某一问题存在不同意见，就会在行政会议中反映出来，政府主要官员和政党可在行政会议中解决矛盾。[④]

政府重大政策出台都须在行政会议内获得认可，此时，政党认可已经提前在政府政策制定与决策过程中就已完成。在政党认可期间，政党政策一并

---

① 何振盛：《政党体系变迁及宪政体制发展》，时英出版社，2010，第 286 页。

② 艾伦·韦尔：《政党与政党制度》，谢峰译，北京大学出版社，2011，第 323 页。

③ Hans-Dieter Klingemann, Richrad I. Hofferbert, and Ian Budge, *Parties*, *Policies*, *and Democracy*, Westview Press, 1994, pp. 33 – 38.

④ 朱世海：《香港立法机关研究》（修订版），中央编译出版社，2007，第 68 页。

输入政府政策，完成政府对政策的弥补。为强化行政会议内的政党制定政策功能，可考虑在行政会议内设置实质性职务，由政党人士担任，专事制定政策。

2. 扩大政治委任

对政党而言，联合政府的一种动机是实质性的，目的是极大化政党政府部长职位的补偿制，此时，政府职位可视为“可转换的利益”①。

2006 年，特区政府就一步发展政治委任制向公众咨询，并在 2007 年向立法会提交《进一步发展政治委任制度报告书》，增加了政治委任范围。有学者认为，行政长官明智的做法是把政府中适当位置给政党人士，通过政治委任使政党人士在政府担任公职，以促进政府与政党的关系。还可吸纳温和民主派，争取对政府的支持。这已经形成香港特色的“政党政府”②。在现时，12 个局长里面，只有 1 个政党人士，在 11 个副局长中，只有一个政党人士，在 13 名政治助理中，有 4 名政党人士。

政治委任有必要进一步扩大。政治委任可将在公共政策制定期间就直接输入政党政策，提前获得政党的支持。此时，政策在立法会讨论的难度大大降低，方便政策的通过，有利于抑制立法会权力的扩张。而且，在政策局委任温和民主派人士，不会影响以行政会议为基础的“管治者同盟”，既不会造成同盟政党的反对，也可为政府与温和民主派谋求政治互信创造条件。

实现以上两步的“管治者同盟”已经由政党议会联盟逐步发展为政党执政联盟。

3. 完善立法会党团制度，巩固政策输出

在法国，议会党团是政党在议会中的最高权力机构，拥有自己的组织机构（主席、副主席和办公室），是政党在议会中的代言人。③ 党团组织主要功能在于决定议会贯彻本党的纲领与政策，统一本党议员在议会中的步调，

---

① 林水波：《政党与选举》，五南图书出版股份有限公司，2006，第 113 页。

② 朱世海：《香港政党研究》，时事出版社，2011，第 140 ~ 142 页。

③ 吴国庆：《法国政党和政党制度》，社会科学文献出版社，2008，第 282 页。

决定在议会立法及有关活动应采取的态度，以及如何投票的事宜。[①]

党团制度可起到中介作用，确保“管治者同盟”议员在立法会中支持政府政策的有效通过。政策在行政会议政策、政策局到立法会获得一致性。日后可考虑在《立法会条例》或者《立法会议事规则》中增加有关建立与规范各政党党团组织的条文，使现时的政治运作实践纳入法治的轨道，并为行政主导争取立法会稳定支持提供制度保障。

四　理想“三分”：以行政主导影响政党体系

在熊彼特看来，选举精英的行为就是选民购买合意政治主张的行为，也是政治家争取选票的行为。政治家提供政纲与许诺，通过政党、利益团体与宣传的方式，来争取人民手中的选票，以期获得管理社会的权力。政治家与选民就形成买卖双方，多个卖方都要竭力讨好选民。[②] 唐斯也将选民偏好看成一种外生变量。[③] 由此可见，以上研究存在“选民需求—政党供给”的理论隐喻，选民需求的偏好是假定的，只能适应，不能改变。

但是，在制度主义者看来，政党至少在某种程度上可以构建或影响选民的政策调整以及他们对自身利益的理解。[④] 特别是对于执政党或者参与执政的政党而言，政府也是一种资源：控制政府，能为政党推行其公共政策提供途径，政党可借此加强自身力量。因此，行政主导如有效运行，并体现政党的政策特色，就可以影响选民政见取向与非政见取向，从而可以构建理想的政党体系。

（一）政见取向：淡化政治争议，发展民生经济

政见取向以选举议题为核心，选民根据自己的政策偏好做出投票选举。

---

① 朱世海：《香港政党研究》，时事出版社，2011，第146页。

② 熊彼特：《资本主义、社会主义和民主主义》，绛枫译，商务印书馆，1979，第337页。

③ 〔美〕安东尼·唐斯：《民主的经济理论》，姚洋、邢予青、赖平耀译，上海世纪出版集团，2010，第102～103页。

④ 艾伦·韦尔：《政党与政党制度》，谢峰译，北京大学出版社，2011，第311页。

1. 阶级认同

一般认为，本阶级选民会选择本阶级政党。在香港，工商业占主导地位，尽管近年来贫富差距情况有所恶化，但是，中产阶层还是社会的大多数。整体而言，工商阶层投票意识不高，中产阶层基于履行公民义务会投票，选择认同的政党，而基层民众的选举动员较为容易。除了自由党外，几乎所有主要政党都强调要代表基层民众。而民协扎根基层，对中产阶层的利益关注较少。因此，阶级认同在香港选举可发挥余地较小，且多与下文所述的地区工作交叉。

2. 政治观点

议题本身的冲突性足以引起政党内外权力结构的改变。[①] 香港的冲突议题主要分为两个方面。

（1）政治方面，包括中央与地方关系以及香港政制发展问题；前者是泛民主派获得选民支持的议题，而且，激进民主派也是凭借这一议题得以发展与壮大的。

行政主导须逐步弱化政治方面冲突议题的影响。前者有赖于中央与特区政府的共同努力，在沟通的条件下，减少香港与内地的冲突。对于政制发展，就是要按照《基本法》的精神，循序渐进，在 2020 年前后基本解决普选问题，减少继续炒作政治冲突议题的空间，抽空激进民主派的支持基础。但温和民主派还有继续存在的必要，理由在于其为民主政治的必要。正如罗尔斯指出的，没有忠诚的反对派的观念，没有对表达自由这一观念的宪法条款的坚持，民主政治就不能被恰当地引导或长久地维持。[②]

（2）社会经济方面，例如竞争政策、福利政策等。行政主导须发展经济，逐步提高香港福利水平。香港特区政府必须要起到平衡各阶层利益的功能，例如，出台最低工资立法，出台竞争法，[③] 而代表工商业界的自由党要

---

① 何振盛：《政党体系变迁及宪政体制发展》，时英出版社，2010，第 130 ~ 148 页。

② 罗尔斯：《正义论》，何怀宏等译，中国社会科学出版社，1988，第 221 页。

③ 尽管这些立法可能会导致企业家阶层的收益降低，并出现福利主义的担忧，但是，在追求效率与公平之间，必须借助具体制度，而不应简单阻止具体制度的制定。

将工商界的利益与意见带入行政主导会议中，从而输出平衡的结果。这样才能保证自己的选举利益不会受到制约。目前的情况也说明，在特区政府执政较好、能促进社会福利的时候，建制派政党在选举中获得胜利的可能性较大，也就是说，一般选民已经在一定程度上将建制派政党与行政主导的效率连接在一起了。

在社会经济问题上，如最低工资立法上，工商界与其他阶层的利益常常处于对立状态。工商界担心高福利水平会带来高税负，降低竞争能力。其他阶层希望福利水平提高，逐步缩减贫富分化。这类似美国共和党与民主党的区别，单就税负与社会福利而言，前者倾向减税，降低社会福利，后者则相反。但共和党一直有稳定的支持。理由在于共和党输出的是一套合法追求财富的理念。以工商界为代表的政党也可以通过行政主导输出自己的价值理念，确保在意识形态中的主导地位。

（二）支持“管治者同盟”政党开展地区工作

非政见取向包括候选人取向、关系取向、政党取向，选民在决定投票时可能考虑多种因素，并作出最适合自己的选择。[①] 一部分是基于地区工作。例如，有地区桩脚、有完善的地区工作体系的政党可以得到更多选票。这部分是基于选民的理性选择。

在争取基层市民支持方面，香港的大多数政党是不遗余力的，方式也多种多样。有时，他们积极反映民意，“将复杂多样的社会利益要求加以综合整理，形成了不同的利益诉求，通过媒体加以传播，并通过这种传播来进一步影响民意”[②]。因此，重视地区工作的民建联、工联会、工党等无论政治风向如何变化，都能获得稳定支持。自由党等代表工商界的政党，缺乏地区组织，造成在地区直接选举中一直无法获得足够多的支持。

行政主导在宏观上是让“管治者同盟”的政党将理念直接输入行政

---

① 史卫民：《解读台湾选举》，九州出版社，2007，第115页。

② 周平：《香港政治发展（1980～2004）》，中国社会科学出版社，2006，第277页。

主导中，将行政主导的效果转化为选民对政策认可；在微观操作上，可借助地区行政机制，例如，任命“管治者同盟”政党人士作为民政专员的顾问，从而为地区选民提供更高的福利，获得选民支持。与行政主导相结合的政党必然能比不结合的政党获得更多的行政资源，提供更高的福利。

结　语

在未来，政治冲突议题被逐步削减，政党转向以政纲与地区工作满足选民需求，为选民提供更高福利。此时，是否进入行政主导体系成为关键。政党体系逐步走向萨托利定义的“温和多党制”[①]，并形成合理的三派力量对立：一派基于代表基层民众利益的强大地区网络，以民建联为代表的爱国爱港派，此派整体实力强大，占据立法会直接选举40%～50%的议席；第二派是基于工商界利益，以提供追求富裕的意识形态与较弱的地区工作为基础的中间派，此派实力较小，在立法会不会超过20%的议席；第三派是监督政府的长期反对派，其他议席由该派占据。

---

① 萨托利建立政党制度的四个范畴，一党制、两党制、温和多党制、极端与两极化。Giovanni Sartori, *Parties and Party Systems: A Framework for Analysis*, Cambridge University Press, 1976, p. 291。温和多党制的特点为：（1）相关性政党之间，意识形态距离比较小；（2）二元联合政府的构型；（3）向心竞争，即相关政党之间意识形态距离越来越小。Giovanni Sartori, *Parties and Party Systems: A Framework for Analysis*, Cambridge University Press, 1976, p. 179.

香港政治人才的面貌
——政务官与政治委任官员分析*

何建宗**

摘　要：政治人才的定义离不开一个地方具体的政治、经济和社会制度。在香港“行政主导”的体制下，公务员当中的政务官和政治委任官员是最重要的两类政治人才。笔者首先对从殖民地时期遗留下来的政务官制度的架构、组成、角色、传统作出分析，然后对回归后新的政治委任制度（又称“问责制”）扩大下的副局长和政治助理的组成、功能进行梳理，最后探讨在政治反对力量日益壮大的形势下，两类政治人才如何面对困难和更有效地进行合作。

关键词：政治人才　政务官制度　政治委任制度

在2012年7月香港回归十五周年庆典上，时任国家主席胡锦涛发表了重要讲话，并对香港提出四点希望，其中第四点是有关人才的培养，这样提到：

---

* 本文为清华大学港澳研究中心委托课题“香港政治人才培养的现状、困难与出路”的阶段性成果。

** 何建宗，清华大学法学院访问学者，原香港发展局局长政治助理，全国港澳研究会会员。

> 要高度重视爱国爱港人才特别是优秀年轻政治人才培养，为他们增长才干、脱颖而出提供机会和平台，使爱国爱港传统薪火相传、“一国两制”事业后继有人。

可惜，一直以来，香港缺乏政治人才，尤其是年轻政治人才。无可否认，随着社交网络的兴起，年轻人参与即兴式的社会运动越来越容易，但真正愿意参政议政的人仍是少数。这固然有文化上的因素（中国传统家庭一般不鼓励子女从政），但政治作为一种职业，要与其他行业争夺人才，如何在待遇、满足感和发展前景方面有吸引力，殊不容易。在香港行政长官将会实行普选之际，香港政治人才的质与量是否足够，直接影响“一国两制、港人治港、高度自治”的顺利有效落实。

一　政治人才的定义

政治人才（political talents）的定义离不开一个地方具体的政治、经济和社会制度。在西方民主社会，政治人才一般包括参与各级选举的从政者、行政机关内的政治委任官员、政党成员、智库成员等。广义来说，在非政府机构从事政策倡议（policy advocacy）、试图影响政府施政方向的人士也可以包括在内。其中，作为选举机器和人才培训摇篮的政党起着关键性的作用。而作为政府运作骨干的、以终身制为主的公务员一般被视为行政管理人才，而不是政治人才。

过去30年，香港逐步从殖民地统治到循序渐进发展民主制度，累积了宝贵的经验和取得很大的成就。作为咨询架构的香港区议会在1982年成立并开始引入直接选举，立法局在1985年开始功能组别选举，1991年开始地区直接选举。这段时期，在行政机关以外的政治人才，无论在质和量上都呈现大幅增长之势。回归以后，香港的行政长官由选举产生，政治委任制度自2002年实施并于2008年扩大至副局长和政治助理。公务员以外的政治人才陆续参加政府的管治。

然而，香港社会矛盾日益尖锐，针对政府施政的反对声音越来越高涨，政府要推出各项政策措施都需要进行大量的“公众咨询”（public consultation）工作。近年，随着“持份者”（stakeholders）概念的普及[①]，被咨询的对象不断扩大，这些所谓“持份者参与”的咨询活动十分冗长，但共识的建立却越来越困难。[②] 政府现有政治人才的供应未能满足管治的需要可谓不争的事实。

虽然香港的公务员奉行“政治中立”，但高级公务员尤其政务主任（administrative officer）职系，从回归前开始，一直从事推动政策和政治游说工作。虽然回归前香港重要政策的决策权仍然牢牢地控制在英国人手中，但具体的落实工作是由以中国人为主的政务主任（下称“政务官”）负责。因此，从大学毕业参加政府工作，有丰富行政管理经验的香港政务官，一直是 2002 年以来政治委任官员的重要来源。这个队伍实际上是香港政治人才库的重要组成部分。

篇幅所限，本文集中对行政机关内的政治人才——“政务官”和政治委任官员当中的“副局长”和“局长政治助理”进行介绍和分析，尤其着重分析制度的建立、人才的背景和近年面对的重大挑战。

二 香港的政务官

（一）政务官的架构与组成

政务官是香港公务员中担负领导责任的职系，统领着政策局和各政府部门的其他公务员。根据特区政府公务员事务局的资料，截至 2014 年 6 月 30 日，政务主任职系共 651 人，其中首长级占 304 人，非首长级 347 人。“政

① Stakeholders 在内地一般翻译成“利益攸关者”，而“利益”所指的不仅是物质上的，还有精神上和价值观上的利益。本文则采用被香港普遍使用的“持份者”。

② 参见何建宗《香港咨询模式新探索——以“可持续发展委员会”模式为例》，《港澳研究》2014 年第 3 期，第 32 ~ 42 页。

务职系人员是专业的管理通才，在香港特别行政区政府担当重要角色。他们会定期被派往各决策局和部门，以及各区民政事务处和驻外办事处，平均每两至三年调职一次。定期调任的安排，让政务职系的同事有机会涉猎公共政策中的不同领域，扩大视野，累积经验，掌握处理不同事务的技巧。”①

本节以下内容是根据2012年公务员事务局《政务职系名录》的资料整理的。虽然与最新资料有轻微差别（主要是个别政务官退休、升迁和新加入），但基本反映了这个管治香港的骨干队伍的面貌。

表1列出了政务官的架构、职位举例、工资、平均年龄和人数。②

表1　政务主任职级和其他基本资料（2012年）

政务职级	首长级别	职位举例	工资（不含房屋和其他津贴等）（港元）	平均年龄（岁）	人数（人）
甲一级政务官（Staff Grade A1）	D8	常任秘书长	224800～231550	54	15
甲级政务官（Staff Grade A）	D6	署长，驻京办主任	201950～207950	53	16
乙一级政务官（Staff Grade B1）	D4	副秘书长（1），规模较小的处长	180250～191250	51	23
乙级政务官（Staff Grade B）	D3	副秘书长，副署长	158850～173350	50	57
丙级政务官（Staff Grade C）	D2	首席助理秘书长，地区专员，助理署长	136550～149350	44	170
高级政务主任（SAO）	—	助理秘书长，助理专员	96150～103190	37	132
政务主任（AO）	—	助理秘书长，助理专员	43120～86440	28	186
总数					599

香港政府招聘政务官主要有三个途径：刚毕业的学士或硕士、具有数年政府以外经验的人员及其他职系的公务员，其中大多数来自刚毕业的学

① 参见 www. csb. gov. hk/tc_ chi/grade/ao/425. html。

② 《政务职系名录2012》，公务员事务局。

生。以 2012 年招聘的 33 名政务主任为例，刚毕业、没有工作经验的约有 25 人。正如其他公务员职系，政务官的晋升一般须先署任有关职务，表现满意以后才能正式出任该职。例如，政务主任平均在入职后第四或第五年起，安排他们署任高级政务主任的职位。他们在入职七年左右，会获考虑晋升至高级政务主任职级。表现杰出者，更有机会在较短时间内获晋升。一般而言，政务主任可以在 10 ~ 15 年内署任或出任丙级政务官（D2）的职位。

从表 1 的职位举例，可看出一个政务官的发展路径：作为政务主任和高级政务主任，政务官生涯开始的十多年多半在不同的政策局担任助理秘书长，或地区的助理专员（第二把手），协助丙级政务官工作。在升任丙级政务官后，一般会担任政策局的首席助理秘书长或地区专员。这一级别也是一个优胜劣汰的分水岭：当中只有三分之一左右可以再上一层楼，而在最高的甲级和甲一级政务官则总共只有三十人左右，出任部门署长和常任秘书长职位。

（二）政务官的组成分析

表 2 和表 3 列出各级政务官的性别和学历分布。

表 2　各级政务官的性别比例

单位：%

职　级	男	女
甲一级政务官	60	40
甲级政务官	62	38
乙一级政务官	30	70
乙级政务官	54	46
丙级政务官	42	58
高级政务主任	40	60
政务主任	49	51
总　计	46	54

资料来源：《政务职系名录 2012》，公务员事务局。

表 3　各级政务官的最高学历构成

单位：%

职　级	本科	硕士/学士后文凭	博士
甲一级政务官	47	53	0
甲级政务官	81	19	0
乙一级政务官	65	31	4
乙级政务官	47	53	0
丙级政务官	55	45	0
高级政务主任	51	49	0
政务主任	77	21	2
总　计	61.1	38.2	0.7

资料来源：《政务职系名录2012》，公务员事务局。

在性别比例方面，女性的人数普遍比男性多：差距最大的乙一级政务官更是七三之比。由于最高两个级别的政务官将陆续在未来十年左右退休，预计政务官“阴盛阳衰”的现象还会持续一段长时间，而差距会进一步扩大。学历方面，政务官整体而言有40%左右拥有硕士学位。值得注意的是，硕士比例最低的反而是初入职的政务主任级别，只有21%。这反映了两个现象：首先，虽然年青一代拥有硕士学位日趋普遍，但硕士对于成功获聘政务官并没有多大帮助。此外，不少政务官在入职后修读兼职硕士学位，以提升自己的能力。从表3也可以看出，博士占政务官的比例相当低，在约600人的队伍当中只有6个！这固然反映了从殖民统治时代一直提倡的英国式“通才”文官制度仍然不变，同时也印证社会人士对政务官的专业知识不足以应付日益复杂的社会问题的评价，有一定道理。

这种信奉“通才”的理念可从政务官的学科背景得到进一步确认。表4清楚地显示，政务官“重文轻理”相当严重，接近3/4来自社会科学、工商管理和文学院，如果加上法律，非理工科的政务官达到八成。事实上，中英文写作和口语表达、辩论占政务官招聘考试的很大比重，这种学科背景的倾斜现象并不使人惊讶。

表 4　政务官的本科毕业学科

单位：%

学　科	百分比	学　科	百分比
社会科学	28.6	法　律	5.2
工商管理	26.0	医　科	0.4
文学院	18.4	其　他	6.3
科　学	7.9	总　计	100
工程、建筑	7.3		

资料来源：《政务职系名录 2012》，公务员事务局。

（三）政务官的角色和传统

虽然政务官的编制、理念和传统来自殖民统治时期，但香港社会正经历着急速的变化，政务官作为政府行政管理的骨干，也面临着前所未有的挑战。

研究香港政治三十多年、曾参加回归筹备工作和担任特区政府中央政策组首席顾问达十年的刘兆佳教授对政务官如何发展出一套独特的文化有精辟的论述。他认为，政务官群体的同质性相当高，并拥有六个特征①。第一，政务官拥有浓重的精英心态。政务官是领导着全体公务员的精英。一直以来，尤其是回归以前，政务官都是大学生梦寐以求的工作，每年上万名考生当中，只有二三十人能脱颖而出，被称为“天子门生”。第二，他们有着强大的集团意识。政务官圈子内有强烈的论资排辈观念，并强调大家有着共同的价值观和团队精神。由于绝大部分政务官是由大学毕业一直工作到退休，同辈之间圈子很小，经常会有共事的机会，因此同事之间的“口碑”很重要，进一步加强了内部的同质性。第三，他们自认为是香港整体利益的最佳捍卫者，对于局部的狭隘的利益，包括政党政治十分抗拒。第四，他们对“小政府”与谨慎理财异常执著，对长远政策规划和长远财政承担有抗拒，因此虽然香港坐享数以千亿美元的储备，但政府仍然不愿意直接参与发展经

① 刘兆佳：《回归十五年以来香港特区管治及新政权建设》，（香港）商务印书馆，2012，第 123～127 页。

济，或者扶持个别行业发展。第五，他们相信自己在政治上是超然的，以社会全体利益为出发点和立足点，认为所谓“政治”是狭隘利益的争夺，是情绪和非理性的表现。第六，政务官重视政策的科学性，尤其强调“程序理性”，即所有政策的酝酿、制定过程和执行都必须按既定程序进行，这才是“善治”的基础。

对于华人政务官在殖民统治时期所发挥的作用，政治学者近年有新的发现。事实上，香港的政务官系统迟至1948年才出现第一个华人，而到了“六七暴动”以后的1968年，华人政务官总数只有18人。[①] 随着香港进入回归前的过渡期，政务官系统才全面本地化，到现在，外籍政务官只有4人。[②] 有学者通过寻找解封的英国档案，发现香港的政务官其实分成几个“内圈”，最核心的决策圈子直到回归前几年才有华人政务官加入。[③] 李彭广发现，核心管治团队的第一层内核由总督、布政司、保安司及其保安团队构成；财政司和保安部门副手构成第二层内核，第三层内核则由律政司、法律政策专员和掌管人事的铨叙司（即现在的公务员事务局长）组成。对比华人升任这些职位的时间，最早是警务处长（1989年12月），然后是公务员事务司和布政司（1993年）；其他职位是在1994年或以后才由华人出任。

三　政治委任官员

（一）实施政治委任制度的背景与争议

1997年香港回归，按照《基本法》实施“一国两制，港人治港，高度自治”。基于稳定香港人信心和保持公务员士气的需要，行政机关除了由英国委派港督改为由港人组成的选举委员会推选行政长官以外，政务司以下的

---

① Ian Scott (2010), The Public Sector in Hong Kong, Hong Kong University Press, pp. 78 - 84.

② 《政务职系名录2012》，公务员事务局。

③ 李彭广：《管治香港——英国解密档案的启示》，牛津大学出版社，2012，第5~7、29~31页。

司、局、署等架构基本不变，大部分司局长留任并继续由公务员担任；这个状况自 2002 年第二届政府推出“政治委任制度”（又称“问责制”）后出现转变。

“问责制”的要点如下。

- 司局长和其他主要官员脱离公务员身份，任期与行政长官相同。
- 有别于公务员，主要官员要承担政治责任，包括辞职。
- 所有主要官员均向行政长官负责，而非各司长。
- 局长以下设“常任秘书长”一职，由公务员担任；公务员不再参与最终决策。

问责官员主要负责制定政策，做出决定，以及争取公众对政策的支持；并从事所谓“政治工作”；而公务员则负责政策分析、推行政策、执行行政工作、提供公共服务、执法规管等。

“问责制”的引入使作为香港特区之首，既向中央又向香港特区负责的行政长官可以更有效地实施其施政理念，问责官员之间可以成为紧密合作的团队，并更积极地回应市民的需要。

在 2002 年推出“问责制”后，社会对外来的人才进入政府领导公务员存在争议，主要有几个批评。首先，在行政机关并非普选产生的情况下，特首直接委任问责官员是属于“政治酬庸”，甚至是“利益输送”。其次，政治委任制度会“影响公务员士气”，甚至影响公务员的“政治中立”。再次，政治委任官员的任命应该由立法会批准。

笔者认为，上述的批评都不成立。以香港尚未实行普选为由反对政治委任制度并不合理。首先，根据《基本法》，香港的主要官员都由中央人民政府任命。回归时出于平稳过渡的考虑中央把原来以公务员为主的司局级官员任命为特区第一届官员，但这不等于中央只能从公务员当中挑选主要官员。如上所说，政治委任制度是让行政长官更好地实施其施政理念，并更积极地回应市民的需要，也是香港迈向普选的过程中的必经阶段。从政治人才培养的角度看，政治委任制度及其扩大正是为未来更民主的政治制度作准备。

至于所谓“损害公务员士气”，这与公务员（尤其是政务官）的文化有关系。如上所述，政务官的传统价值观有几个特征，包括“自以为是香港利益的捍卫者”和“讨厌狭隘和局部利益的政治”。这个同质性高的群体对于被外来的政治任命官员领导感到不适应是可以理解的。再者，政务官的晋升阶梯从过往最高的司局长降到常任秘书长，也影响到他们的士气。然而，虽然香港公务员队伍是个廉洁高效的队伍，但他们的利益或者士气不应该凌驾于香港的整体利益之上。全世界的民选国家和地区都要求公务员接受和支持政治委任官员的领导，在香港按照《基本法》走向普选的大趋势下，其公务员也不应该例外。

至于政治委任官员需要立法会批准，这一方面无视中央根据《基本法》第十五条拥有的任命权力，也是对“行政主导”体制的冲击。根据《基本法》第七十三条，立法会的职责是批准政府的拨款申请包括政治委任官员职位的拨款，具体的官员人选，无论是公务员还是政治委任官员，完全应由政府决定。

本文其余部分只集中讨论政治委任官员当中的副局长和政治助理，主要原因是他们是“问责制”扩大后新加入的政治人才，面对的挑战和困难比作为首长的司局长大得多。如能加强制度建设的力度，理顺一些矛盾，对日后鼓励外界人才加入政府有帮助。

（二）政治委任制度下的副局长和政治助理

2006 年 7 月，香港特区政府推出《进一步扩大政治委任制度咨询文件》，并在 2007 年 10 月发表《进一步扩大政治委任制度报告书》，决定增加两层（副局长和局长政治助理）政治委任官员。原因包括以下三点。

（1）主要官员需要额外支持配合以民为本的施政需要。现行的政治层级过分单薄，不足以有效应付管治及政治工作的需要。

（2）增设政治委任职位，可提升政治团队在公务员支持下处理政治工作方面的能力。同时，此举亦有助于保持公务员政治中立。

（3）在政府不同层级开设政治委任职位可为政治人才提供一个更全面

的事业发展途径。培育政治人才，正好配合政制逐步民主化。①

表 5 详细列出了两个职级的职责和薪酬待遇。

表 5　副局长与局长政治助理的职责和薪酬待遇*

	副局长	局长政治助理
职　责	协助局长制定政策目标和优先次序、制定政策和提出立法建议以达致所定的政策目标和优先次序、制定推出这些政策和法例的时间表，以及订定整体策略以取得公众对这些措施的支持	从政治角度为局长和副局长提供意见以供考虑，协助制定政策及立法建议，以及为订定整体策略从政治观点给予意见
	就一些需要政治意见的跨局事宜，与相关的局/部门进行协调，以确保达致政府政策所定的目标及优先次序	
	处理与立法会相关的事务并加强与立法会的工作关系，包括出席立法会大会会议、委员会、小组委员会及事务委员会的会议，为政府的政策决定作出解释和辩护，定期与立法会议员保持联系	就提交立法会的文件和其他出版文件提供意见，并指出有政治影响的地方，以及在局长和副局长的指示下处理具政治敏感成分之处； 就立法会事务向政党/政团做出游说的需要，不时作出评估，并按此向局长及副局长提供意见
	出席公众论坛及其他场合，就政治团队所提出的建议及决定做出解释和辩护，并回应提问	留意有关关注团体及社会大众就政策事宜的意见，并评估政治影响
	与传媒保持密切联系，以助传媒知悉政府的政策思维	进行与传媒的联系工作，传达政府在有关政策及事宜上的立场
	与其他有关团体/人士，例如区议会、政党/政团、社区组织，以及工商、专业及其他组织保持沟通，并评估公众情绪，以及建立广大市民对政府政策和决定的支持	进行与来自政党/政团、区议会、社区组织，以及工商、专业及其他组织的成员的联系工作，向他们介绍局长辖下范畴的事宜，听取他们就关注事宜的意见，以及争取他们支持政府的有关政策
		根据局长及副局长的指示，拟备演讲稿、传媒发言稿和其他文章； 就处理政党/政团发出的邀请及函件提供意见
薪酬	• 局长的 65% ~75%（每月 19 万 ~22 万港元） • 相当于首长级 4 ~6 级的薪酬 • 每年 22 天假期 • 没有房屋津贴和约满酬金	• 局长的 35% ~55%（每月 10 万 ~16 万港元）** • 相当于高级专业至首长级 2 级的薪酬 • 每年 22 天假期 • 没有房屋津贴和约满酬金

注：* 《进一步扩大政治委任制度报告书》，政制及内地事务局，2007 年 10 月。

** 于 2012 年 7 月调整为 98730 港元。

① 《进一步扩大政治委任制度报告书》，政制及内地事务局，2007 年 10 月。

从表 5 可见，副局长和局长政治助理从事的工作范围比较接近，主要工作对象是立法会、区议会、各政团、传媒、地区和专业组织等。副局长协助局长制定政策优先次序、进行跨局协调，并代表政策局向公众发言，在局长出勤时署理局长的工作。局长政治助理则更着重了解社情民意、提供政治意见、联系不同界别的团体和人士、撰写局长讲词等。

由于在“问责制”推出后一直争议不断，因此它的进一步扩大也引起不少反对的声音。第一批副局长和局长政治助理于 2008 年 5 月公布，受关注的包括个别人选的能力、过往经验与负责政策无关，工资的水平，工资的披露，个别副局长持外国护照，招聘过程不透明，等等。在他们上任后，有关对副局长及局长政治助理的评价也是负面居多，包括仍然让公务员从事“政治工作”、知名度低、对政策不熟悉等。

（三）副局长和政治助理的组成分析

在香港这个经济城市，有着各行各业高水平的专业人士。但是，一个理想的政治委任官员，除了要深入认识其管辖的政策范畴外，还需要有着敏锐的政治触觉、良好的沟通技巧、广阔的人脉关系才能有效进行所谓的“政治工作”。

“政治工作”虽然没有明确的定义，但在香港的政治环境下，按照表 5 的内容，至少包括以下四方面：

（1）游说立法会和区议会；

（2）联系有关政策的持份者，包括政党、利益团体、“抗争人士”、专业界别等；

（3）联系传媒；

（4）关注、分析和使用新媒体和网上媒体。

表 6 列出了本届和上届的副局长和局长政治助理的上任年龄、学历与工作背景。年龄方面，无论是副局长或局长政治助理，年龄的跨度都比较大。副局长方面，上届主要以 40 多岁为主，本届是 50 多岁的偏多，但也有 30 多岁和 60 岁以上的。如果跟同级的甲级政务官（平均 54 岁）比较，本届

副局长的年龄是相若的。局长政治助理方面，两届都是以 30 多岁的偏多，但也有 50 岁以上的。两届年纪偏大的局长政治助理都任职保安局，由具有丰富纪律部队经验的前公务员担任，属于特殊情况。

表 6　本届与上届政府副局长与局长政治助理上任年龄、学历与工作背景分析

		上届（2008～2012）		本届（截至 2014 年 9 月）	
		副局长（10 人）	局长政治助理（9 人）	副局长（11 人）	局长政治助理（11 人）
上任年龄	20～29 岁	0	1	0	2
	30～39 岁	2	6	1	7
	40～49 岁	7	1	2	1
	50～59 岁	1	1	7	1
	60 岁及以上	0	0	1	0
学　历	学士	4	2	1	0
	硕士	4	7	9	10
	博士	2	0	1	1
工作背景*	专业/商界	4	1	3	3
	传媒/公关	1	2	1	2
	政策研究	1	2	1	1
	政党	1	3	1	3
	公务员/公营机构	3	1	5	2

注：*个别官员的工作经验包含超过一个范畴，这里以上任前的工作分类。

学历方面，副局长拥有硕士或以上学历的从上届 60% 增至本届的 90%，局长政治助理本届全部具有硕士学位或以上。工作经验方面，无论是副局长或局长政治助理，基本上来自 5 个行业组合，这包括专业/商界、传媒/公关、政策研究、政党、公务员/公营机构等。这些背景都能符合他们的工作要求。副局长方面，来自专业/商界和公务员/公营机构的较多，局长政治助理方面则比较平均，来自 5 个行业组合的都有。

由于副局长和局长政治助理的引入只有 6 年历史，制度还在完善之中。他们与拥有约六百人和几十年历史的政务官系统是难以直接比较的。本节和上节尝试把他们的基本“面貌”描述出来，当中的数据有待其他研究者作更深入的分析。

四　政治人才面对的困难

作为政府管治核心的一部分，无论是政务官或者政治委任官员都面对不少困难。当中有些问题是共通的，有些则各有不同。而他们之间拥有着不同的背景、文化和优势，如何紧密合作也是政府团队有效应对外来挑战的一个重要因素。

（一）政治体制与反对势力的冲击

香港政治体制属于“行政主导”。《基本法》赋予行政长官和行政机关较大的权力，行政长官由中央人民政府任命，向中央和特区负责，并领导整个特区政府。行政机关的职权包括提出财政预算、决算；各类法案、议案；等等。根据《基本法》附件二，行政机关提出的议案只需要立法会出席会议全体议员的二分之一即可通过。而根据《基本法》第七十四条，立法会议员的提案不得涉及公共开支、政治体制和政府运作，议员提出的议案、法案和对政府法案的修正案须分别经功能组别和分区直接选举两部分出席议员过半数通过。

虽然提案权力受到约束，但立法会仍然可以否定政府的预算案和各种法案，而由于回归后民主成分逐步增加，立法会议员对监督政府的力度有增无减，而行政机关在立法会并没有稳定的支持。政府“有权无票”而立法会却“有票无权”，导致后者（尤其是当中的“泛民主派”）对于政府施政多加阻挠。例如少数激进议员连续多年在审议财政预算案时，提出大量毫无意义的修订案，通过钻议事规则的空子进行数星期的无休止发言（又称“拉布”），而立法会内的言语暴力甚至肢体暴力行为也越来越多。

在这种恶劣的政治环境下，无论是政务官或政治委任官员都受到前所未有的压力。政务官负责分析和建议各个政策选项，并具体拟定政策内容；政治委任官员则负责“推销”政策，确保得到大部分市民支持并在立法会通过。然而，无论是一些直接惠民的措施（如直接增加长者的福利金）、具有争议的“邻避”设施①（如垃圾填埋场、焚化炉）或者是长远规划的新市镇（如新界东北新发展区），近年都屡受挫折，或者是经过相当激烈的反对后才能勉强获得通过。

（二）政治委任官员面对的困难

1. 制度缺乏公众支持

自2008年推出“进一步扩大问责制”以来，对官员的薪酬、能力、国籍、知名度不足等批评不绝于耳。这在一个新制度建立的过程中是难以避免的，与社会对新制度缺乏认识下产生抗拒也有关系。就以“薪酬偏高”为例，如果说副局长、局长政治助理职系薪酬过高，原因可能是公务员的薪津过高。无论是公务员内部，或者是议员，都会以官员工资的高低来判断其职级高低，进而衡量这位官员的言行是否值得重视。有建议认为应该进一步削减官员的工资，但从制度建设的考虑，降低工资并不能让政府聘请到更能干的官员，对于他们要取得足够的来自公务员和其他持份者支持也没有帮助。

要扭转公众对副局长及局长政治助理的负面印象，香港特区政府可考虑加强对两个职系的功能、日常工作甚至个别官员的宣传，以增加其知名度。首先，应在大众媒体当中树立副局长是特区管治的“第二梯队”、局长政治助理是政治人才“新力军”的形象。针对公众对他们的工作所知甚少，政府可考虑通过制作短片视频及传媒专访宣传两个职系的日常工作、功能、与持份者的沟通等，让他们走入群众、改善特区管治的形象深入民心。

---

① 即NIMBY（不在我家后院）征候群，意指一些必不可少的对公众有利但对周遭居民带来滋扰的设施。

此外，应加强两个职系的专业形象。随着社会越来越开放，无论公营、私营机构对从事“政治工作”或“政治公关”人才的需求甚为殷切，政府事实上需要与这些机构争夺人才。因此，政府应该加强对年轻从政者、专业人士、学界、传媒等界别宣传两个职系对个人发展和政府施政的重要性，尽力吸引人才加入。

2. 支援不足

政治委任制度其中一个目的是由政治官员从事“政治工作”，但何谓“政治工作”其实没有很明确的界定。如果是指所有与立法会议员和区议员的联系与沟通，一个政策局光靠局长、副局长和局长政治助理三个人是不可能完成的。然而，为应对引入副局长、局长政治助理而推出的《公务员守则》却表明公务员不隶属于他们。公务员只向其上级（以常务秘书长为首）负责。公务员是以“伙伴合作精神”的态度与副局长和局长政治助理共事。①

据了解，这个安排是为了安抚公务员（尤其是政务官）对于进一步扩大问责制的担忧而作出的。但它的客观后果是妨碍官员进行政治工作。无论是政策分析上的支援、地区及议会的游说工作，或者与传媒的沟通，每一范畴政府都已经配备大量的公务员。没有他们的支援，官员们很难高效完成任务。因此，笔者建议撤销《公务员守则》内互不从属的规定，让公务员与副局长和局长政治助理能够真正在一个团队内合作无间，以应付繁重的政治工作。

3. 欠缺发展前景

欠缺发展前景是副局长和局长政治助理面对的一大难题。他们的任期与特首相同，即最多五年。对于副局长而言，他们一般有二十年以上的工作经验，毅然放弃原来的工作进入政府，并不是一个容易的决定。他们不少对政府政策有强烈的兴趣，或者曾参与政府的咨询委员会。他们须面对众多的压力与攻击。有时，他们和家人会受到传媒的骚扰和跟踪，不胜

① 香港特区政府《公务员守则》第6.4段。

其烦。

局长政治助理方面，他们大部分的年龄在 30 ~ 45 岁之间，处于事业拼搏及成家立室的关键时期。他们从一个中层管理者、一名记者或者一个区议员的身份进入俗称“热厨房”的政府，投身一个新的而且备受批评的政治官员队伍之中。他们和副局长的职位一样，五年后能否留任、能否回到原来的行业或专业，也是未知之数。此外，副局长和局长政治助理离职后一年内从事任何工作都要得到“前任行政长官及政治委任官员离职后工作咨询委员会”的同意，并公开有关结果。这也对他们构成压力。这对于吸引专业人士加入政府是不利的。

（三）政务官面对的困难

1. 青黄不接

毫无疑问，虽然引入了“问责制”，但政务官仍然是政府行政管理的骨干，发挥着相当重要的作用。近年由于政治环境恶劣，官员经常受到议员、传媒和其他团体的猛烈批评，提早退休或离职的情况也不少。

此外，自从 2000 年以后，所有入职的公务员包括政务官均不能享受长俸[①]，改为政府和雇员共同供款的公积金制度。在福利大幅削减加上政治形势不理想的情况下，不少政务官不再视此为终身职业，导致近年中下层政务官离职的现象有所增加。离职的较多投身公营机构或其他法定机构。至于高层政务官，提早退休的个案也越来越多，而由于最高两层每层只有十多人（见表 1），所以青黄不接的情况更为严重。

2. 对“问责制”的适应

随着“问责制”的实施，政务官的晋升机会受到窒碍：从过去的司局长降到常任秘书长，从拥有政策制定的实权到支持问责局长的施政，一些资深政务官对此并不适应。政务官的传统价值观认为他们是“香港利益的

---

① 即公务员在退休时或工作 10 年以上可以一笔过领取退休金，并每个月得到款项，直至去世。

捍卫者”，对于政治利益不屑一顾，因此对由来自政府以外的政治委任官员领导感到抗拒。当年政务司长陈方安生正是由于不认同引入问责制而辞职。

不过，由于“问责制”已实行了十多年，新一批高层政务官已慢慢适应这个制度，越来越愿意支持问责官员的工作，努力改进彼此的合作关系；也有个别政务官愿意离开公务员队伍加入问责官员的行列。[①] 据统计，问责制实施的第一届（特首董建华），十四名司局长当中有六名是政务官出身；第二届（特首曾荫权）的十五名司局长有九名为前政务官；而本届（特首梁振英）十五位当中则占五名。可见，前政务官占每届司局长的比例从三分之一到五分之三不等。由于具有长期了解政府行政运作和人脉的优势，在可见的将来，前政务官仍然会是司局长的重要来源。因此，政务官更上一层楼晋升司局长的途径是存在的。但这取决于个人的能力和意愿、是否得到特首邀请以及中央是否任命。

结　语

本文对香港行政管理的骨干——政务官和问责制中的副局长、局长政治助理两类政治人才作出分析。通过了解他们的架构、组成、制度的发展和面对的难题，呈现他们在回归后十多年的“面貌”。当下香港就 2017 年是否和如何通过一人一票普选行政长官进行激烈的争论，导致社会严重分化。从政治人才发展的角度，笔者十分支持按照《基本法》和人大常委会有关规定在 2017 年实施普选。因为，一个面向全港 700 多万人的普选，必然需要大量从事政策研究、地区工作和统筹选举工程的人才。[②] 他们在这个有竞争的选举中发挥所长、积累宝贵经验，对未来参加政府和各级选举都有很大的帮助。而经过普选产生的行政长官能够在社会利益和意识形态

① 刘兆佳：《回归十五年以来香港特区管治及新政权建设》，（香港）商务印书馆，2012，第 134 页。

② 何建宗：《特首普选的有限选择与无限可能》，《信报》2014 年 9 月 24 日。

越来越分化的情况下，更有力地推动改革，加强治理能力，也是大部分人的共识。

参考文献

[1] 刘兆佳：《回归十五年以来香港特区管治及新政权建设》，（香港）商务印书馆，2012。

[2] 刘兆佳：《香港独特的民主路》，（香港）商务印书馆，2014。

[3] 李彭广：《管治香港——英国解密档案的启示》，牛津大学出版社，2012。

[4]《政务职系名录 2012》，公务员事务局。

[5] Lam, W. F., "Coordinating the Government Bureaucracy in Hong Kong: An Institutional Analysis", *Governance: An International Journal of Policy, Administration, and Institutions*, Vol. 18, No. 4, Oct. 2005.

[6] Scott, Ian, *The Public Sector in Hong Kong*, Hong Kong University Press, 2010.

[7] J Burns et. al, " Changing governance structures and the evolution of Public Service Bargains in Hong Kong", *International Review of Administrative Sciences*, Vol. 79, No. 1, pp. 131 - 148, 2012.

The profile of political talents in Hong Kong

—an Analysis of Administrative Officers and Politically Appointed Officials

Abstract: The definition of "litical talents" depends on the actual political, economic and social institutions of a particular place. Hong Kong has an "administrative-led" system, and the Administrative Officers as well as Politically Appointed Officials remain the two most important type of political talents. This paper first examines the structure, composition, roles and tradition of the Administrative Officer rank, inherited from colonial times. Next, the introduction of the Expanded Political Appointment System will be discussed, in particular on the composition, background and functions of the ranks of Undersecretary and Political Assistants. Finally, the paper will discuss how the two types of political talents could face and overcome the difficulties amid the trend of growing political opposition across Hong Kong.

Keywords: Political Talents; Hong Kong Administrative Officers; Undersecretary; Political Assistant

香港立法会的恶质“拉布”及其治理[*]

田飞龙[**]

摘　要：回归以来，香港立法会开展了日益规范化的代议民主运作，但也伴生了现代民主的恶意“拉布”现象，出现了程序异化和偏离理性审议的倾向，且与议会之外的社会运动和违法抗命呈现恶性互动之势，对立法会的民主审议功能与特区政府的管治绩效造成严重负面影响。立法会的恶意“拉布”既有着现代民主一般发展的阶段性特征，亦有着香港代议民主发展起步较晚、《基本法》体制设计突出“行政主导”以及殖民史观凌驾回归史观等复杂的本土实践性特征。立法会“拉布”在特区管治矛盾和特首普选议题下被进一步激化，成为香港如何改善管治的重要课题。

关键词：立法会　拉布　程序异化

* 本研究成果获得港澳与内地合作发展协同创新中心以及教育部人文社会科学重点研究基地中山大学港澳珠三角研究中心的资助，是协同创新中心2014年度项目“香港立法会运作研究”的阶段性成果。

** 田飞龙，北京航空航天大学法学院讲师，港澳与内地合作发展协同创新中心研究人员。

引言：香港立法会的“拉布”现象

根据《基本法》的体制设计，香港立法会在整体管治架构中占据重要地位，对政府财政预算法案及其他重要法案具有严格的审议与否决的权力。[①] 虽然《基本法》体制具有“行政主导”[②] 倾向，但随着立法会民主成分的增加和立法会泛民议员与社会性民主运动的协同，立法会内部逐渐衍生出一种日益恶质化的“拉布”（filibuster）文化，尤其是在2013年以来的特首普选争议的背景下，“拉布”文化及其个案实践愈演愈烈，严重损害了立法会的理性审议功能和特区政府的管治权威，造成公共政策无法落实，社会公共利益无人守护。香港立法会“拉布”文化的恶质化及其规范治理已成为香港《基本法》实施与政府管治改进的重要课题，也是优化立法会内部治理与理顺行政和立法关系的关键环节。

在回归之前，由于实行殖民秩序下的总督负责制，立法局与行政局成员均不可能对总督形成有效制约，而且立法局主要是咨询审议机构，缺乏明确而必要的宪制地位和法定职权，不是可制衡行政权的代议机构，故“拉布”现象并不突出。这在港督制下的“行政吸纳政治”[③] 格局中完全可以理解。更何况，经过150余年的殖民秩序磨合，尤其是经历“六七”左派暴动之后，香港社会在精英整合与价值认同上已无突出的结构性矛盾冲突。回归之后，香港本地精英面对的是一种完全不同于殖民秩序与西方主流政治文化的

---

① 这体现了香港政制的“制衡”特征，也表明香港政制并非完全的“行政主导”，参见陈弘毅《一国两制下香港的法治探索》，中华书局，2010，第24页。

② 关于香港政制的“行政主导”特征分析，参见程洁《香港宪制发展与行政主导体制》，《法学》2009年第1期；杨建平：《论香港实行行政主导的客观必然性》，《中国行政管理》2007年第10期；胡锦光、朱世海：《三权分立抑或行政主导——论香港特别行政区政体的特征》，《河南省政法管理干部学院学报》2010年第2期；关于香港行政主导制的系统化研究，可参考傅思明《香港特别行政区行政主导政治体制》，中国民主法制出版社，2010。

③ 关于香港殖民政制中“行政吸纳政治”的特征分析，参见强世功《“行政吸纳政治”的反思》，《读书》2007年第10期。

体制，即所谓的“新宪政秩序”[①]，这里存在“殖民史观”与“回归史观”的认知冲突，更存在“泛民主派”（pro-democratic）与“建制派”（pro-establishment）的长期二元对抗格局，而立法会的“功能组别/直接选举组别”的对分设计及分别点票机制更是巩固并强化了这些既有分歧。更何况，香港的代议民主政治主要起步于20世纪80年代的回归博弈期间而加速发展于末代港督彭定康的“民主直通车”[②]阶段，其累积效应正好延期作用于回归之后的立法会运作之中。

回归以来的立法会“拉布”既发生在立法会与全体委员会会议上，也发生在财务委员会及其下属小组委员会会议上，而且建制派与泛民派都曾运用过“拉布”策略推动或阻止相关议案的通过，但随着“拉布”实践的常态化，泛民主派几乎成为拉布行为的唯一主体。检索回归以来的“拉布”实践，在立法会层面较为显著和较有社会影响的主要有四次。

第一次：1999年3月10日《区议会条例草案》二读。该草案一读历经三个多月，二读从3月10日下午4时恢复，通宵审读辩论，至3月11日上午7时三读通过。该次“拉布”的显著特征为：通宵开会；“拉布”议员过分积极发言，非“拉布”议员较多沉默；“拉布”议员提出多达16项修正案并多次抢先发言；记名表决多达35次；民主党议员李永达个人表现十分突出。此次“拉布”实践对香港立法会“拉布”文化及其个案运用起到了重要的开启与示范作用。

第二次：1999年12月1日立法会二读审议解散民选市政局和区域市政局草案，即所谓的“杀局”草案。这一草案由特区政府提出并积极推进，建制派议员护航支持，但票数不足，各政党代表发言完毕，临近表决环节，使草案面临流产风险。为拖延表决，争取有利表决结果，民建联议员谭耀宗

---

① 关于1997年回归对香港宪制变迁的意义，有学者提出了“新宪政秩序”说，see Yash Ghai, *Hong Kong's New Constitutional Order: the Resumption of Chinese Sovereignty and the Basic Law*, Hong Kong: Hong Kong University Press, 1997。

② 关于彭定康的政制改革取向及其后果，参见张连兴《香港二十八总督》，香港三联书店，2012，第404~409页。

和曾钰成申请继续发言，其他建制派议员纷纷加入，导致会议一直拖延到晚10点休会，当晚无法表决。第二日复会表决时，草拟获得足够票数通过，民选之市政局和区域市政局被解散。此次民建联议员“拉布”目的是为了拖延表决，争取有利票数，不同于通常的“拉布”实践中拖延表决是为了程序梗阻，不了了之。可见，“拉布”作为一种程序战术，可以根据具体个案情形进行不同的合目的运用。

第三次：2012年5月的《2012年立法会（修订）条例草案》审议。此次“拉布”的焦点是审议表决《立法会议席出缺安排议案》。人民力量议员黄毓民和陈伟业就此议案联合提交1306条修正案，长达2464页，而社民连的梁国雄亦协力“拉布”，导致冗长辩论三星期没有结果。[①] 此次“拉布”呈现出消耗战特征，而且出现了场内“拉布”与场外抗议的联动态势。此次“拉布”号称史上最长“拉布”，直至5月17日立法会主席曾钰成动用“议长警察权”（《立法会议事规则》第九十二条终结辩论条款）果断“剪布”，强制表决，有关议案才获得通过。此次“拉布”创造了某些“拉布”先例：“拉布”议员频繁要求清点参会法定人数，并在缺额1名时故意不进入会场而导致立法会流会；数以千计的修正案和长时段发言；议长警察权的动用。作为对恶意“拉布”的一种程序制约，“剪布”开始作为一种立法会自我治理手段获得常规化运用。“拉布”与“剪布”，构成香港立法会程序文化的孪生现象。

第四次：2013年4月24日开始的《2013年拨款条例草案》审议。此次“拉布”的主力是社民连议员梁国雄及人民力量3名议员，目的在于无限期拖延表决年度拨款议案，逼迫政府提出“全民退休保障”咨询时间表并安排向每名成年永久性居民派发现金1万元。这是泛民主派以“拉布”为武器，逼迫政府调整政策议程，以民生议题捆绑常规拨款议题。“拉布”议员共提出710项修正案，准确再度开展如2012年那样的“拉布”消耗战。5月13日，立法会主席曾钰成再次做出“剪布”安排，援引法律依据包括《基本

---

① 参见《人民力量“冗长辩论”逼撤次替补案》，《苹果日报》2012年5月1日。

法》第七十三条的立法会财政预算法案审议通过职能、第七十二条第 1 款的会议主持条款以及《立法会议事规则》第九十二条的程序终结条款，定出 5 月 14 日下午为终结辩论最后期限。拨款草案最终于 5 月 21 日三读通过。[①] 泛民主派议员指责立法会主席之“剪布”安排滥用权力及妨害议员言论自由。

除了立法会层面的“拉布”实践之外，财务委员会及其附属小组委员会的“拉布”也构成香港立法会整体“拉布”文化与个案实践的重要组成部分。委员会层次的“拉布”事件，较有影响的包括：第一次，2009 年 12 月至 2010 年 1 月的财务委员会审议广深港高速铁路拨款申请案；第二次，2012 年 10 月至 12 月 7 日，财务委员会审议“长着生活津贴”议案，社民连议员梁国雄一人发动冗长“拉布”，要求政府取消该项津贴申请时的资产审查规定，最终以政府修改议案、增设社会福利署专职岗位的方式变相通过，遭到泛民主派激励批评[②]；第三次，2012 年 10 月 19 日财务委员会审议民建联议员叶国谦提出的会议程序修正案，旨在对议员提出的议案数目和预告期进行规制，可视为对恶意“拉布”的一种程序制约，但治理“拉布”的修正案本身即遭到泛民派议员的恶意“拉布”，提出海量再修正案，导致程序搁置；第四次，2013 年四川地震捐款 1 亿港元的拨款申请案，遭遇议员恶意“拉布”，拖延长达 10 日，最后在行政协调之下才勉强过关；第五次，2014 年新界东北开发拨款案，遭遇泛民主派恶意“拉布”，引发新界东北团体冲击立法会事件，最终由财务委员会主席吴亮星果断“剪布”，强制表决通过相关拨款案。[③] 此外，梁振英特首 2014 年在立法会讲话中遭到的恶意“拉布”与阻挠，也可视为立法会“拉布”恶质化以及行政与立法关系恶化的表征。[④]

申言之，香港立法会的恶质“拉布”现象已然愈演愈烈[⑤]，这里既有

---

① 参见《2013 年拨款条例草案》，立法会网站，2013 年 5 月 21 日。

② 参见《政府突袭通过特惠生果金》，《苹果日报》2012 年 12 月 8 日。

③ 参见田飞龙《滥“拉布”折射港式民主危机》，《大公报》2014 年 7 月 5 日。

④ 参见田飞龙《反“拉布”的三个建议》，《大公报》2014 年 5 月 31 日。

⑤ 香港社会对此亦有反思和检讨，参见陈景辉《拉布，议会精神的沉沦或复兴?》，《苹果日报》2010 年 1 月 12 日。

《基本法》体制设计的结构性原因，也有香港政党政治二元化的渊源，更有香港“殖民史观”与“回归史观”二元冲突的认知背景，如今在特首普选的宏观政治冲突下更引发了“拉布”实践的激烈化。与“拉布”同期发展的则是“剪布”规则及其实践的对应性开展，构成立法会“拉布”治理的重要特征。本文拟对作为民主伴生现象的“拉布”文化进行历史追溯，对香港立法会“拉布”的“议场—广场”互动效应进行关联解析，对“拉布”规则治理提出针对性政策建议。“拉布”是民主的伴生物和议员的程序特权，但特权的滥用也将根本偏离并危害民主的理性审议功能，更损及特区政府的管治绩效，恶化行政与立法关系。因而，科学解析“拉布”原理与特征并提出针对性的治理策略，将构成维护“一国两制”与《基本法》、优化立法会审议理性、改善立法与行政关系的重要路径和支撑。

一　特权、程序与民主“拉布”史

“拉布”是议员特权，也是民主职业病。在前民主时代，国家议事大体采取的是一种威权主义模式，无论是部族长老会议，还是君主御前会议，由于会议主持者往往就是酋长或君主，其道德权威与政治权力足以保障会议井然有序。中国古代廷议，尽管鼓励谏议，但作为当然“议长”的皇帝可以随时中断会议，甚至可以当庭杖责敢于“拉布”的大臣。[①] 因此，如果我们必定选择民主，那么“拉布”似乎无可避免，但这不意味着我们要礼赞“拉布”，而是需要凝聚更强的民主价值观和更精致的议事规则来应对这一民主的职业病。严格来讲，“拉布”实在是民主发展到一定程度产生的程序异化现象，是民主的“肢端肥大症”，从而使得治理“拉布”变成了民主体系的一种“减肥”举措。

现代民主史几乎就是一部“拉布”史，同时也是一部反“拉布”史。

① 明朝的“廷杖”制度就是佐证。

“拉布”在美国是联邦参议员的特权，被视为美国政治言论自由的重要保障，是赋予反对派议员的重要程序武器。从历史表现来看，“拉布”在美国同样遭到了滥用，“拉布”议员常常以连续演讲数十小时的方式瘫痪议事程序，而其演讲内容竟然可以和议题无关，比如可以朗诵《圣经》、电话簿等。在第二次世界大战后的民权运动时期，南方保守派参议员频繁“拉布”以阻挠民权法案通过。随着互联网传媒时代的到来，“拉布”更被戏剧化为议员对选民的隔空表演，使议会民主的审议理性日益落空，议而不决。施米特在《当今议会制的思想史状况》中曾严厉批判了议会制是如何从 19 世纪基于“辩论”和“公开性”的经典状况堕落演化为 20 世纪政治多元主义(political pluralism)[①] 下的委员会体制与秘密会议传统的[②]，实际上如果增加“拉布”维度的观察与评估，则经典代议制的堕落即使在“辩论”和“公开性”这样的程序意义上亦发生了严重的异化，当然，这种程序异化可能恰恰是政治多元主义之下议会体制的委员会化和秘密会议化的结果。

“拉布”的英文是 filibuster，由西班牙语 filibustero 演化而来，最初含义是海盗或劫掠者，含“骑劫”之义。“拉布”是香港地区的习惯译法，有时也称为“冗长演说”或“冗长辩论”，在台湾地区则通常译为“阻挠议事”。从词源上即可看出该行为的“海盗”渊源以及社会公众对这一行为的厌恶。然而，即使社会多数人厌恶“拉布”，但“拉布”现象和“拉布”者依然络绎不绝，为什么呢？第一，“拉布”议员只需要对影响自己当选的少数选民负责，多数人无法决定其政治前途，而这正是政治多元主义的当然逻辑；第二，“拉布”的危害与威权决策的危害相比要小，两害相权取其轻，因而是人类能够容忍的体制之害；第三，辩论是民主理性的本质，因此不宜建立过于严苛的程序规则抑制辩论的形式与期限，这就为“拉布”保留了空间；第四，议员具有“代表”性，从而享有“代表”这一概念的神学背

---

① 关于政治多元论的思想史线索，我国政治学者萧公权先生有过系统精辟的考察与梳理，参见萧公权《政治多元论》，周林刚译，中国法制出版社，2012。

② 参见施米特《当今议会制的思想史状况》，转自施米特《政治的浪漫派》，冯克利、刘锋译，上海人民出版社，2004。

景以及相应的程序特权，如果完全剥夺这些特权，则整个代议制的显性的理性基础与隐性的神学基础皆遭废弃，该体制也就丧失了存在的基本正当性。

但是，民主职业病毕竟也是一种体制病，其极端化必然损及民主社会的基本价值。所以，美国民主史也是一部反“拉布”史。面对参议员对程序权利的滥用，议事规则的修正就成为必要，其焦点在于如何设定合理的辩论终结规则。英美数百年议会民主的最大财富除了选举之外，就是体系化的议事规则，在议员辩论权和议会审议理性之间不断寻求微妙且精致的平衡。每当“拉布”技术前进一步，相对应的“剪布”技术及其规则也会前进一步。可以说，在民主选举实现之后，区分民主优劣的标准就是议事规则，就是对“拉布”的有效管控以及对审议理性的积极支持。美国在这方面的丰富经验已凝聚为完整的《罗伯特议事规则》（*Robert's Rules of Order*）。这是美国罗伯特将军对英美议事规则系统化改造的结晶，1876 年出版以来不断修订，成为广泛运用于美国议会审议、民间团体决策的通用规则。①

美国规则有着深刻的英国议会史渊源。“光荣革命”之后的 1689 年，英国议会内部出现了一部议事规则汇编《议会》（*Lex Parliamentaria*），对当时市面上流传的 35 部议事学著作进行了整理与综合，初步形成了现代议事规则的基本原则框架，举其要者，包括：（1）单一议题规则，同一时段只处理一个议题，不可偏题或随意插入其他议题；（2）相反意见优先发言规则，以确保审议过程呈现最多元的意见，保障意见表达的自由与机会平等；（3）正反两方分别表决规则，使得反方意见亦可获得独立表决机会；（4）禁止人身攻击规则，确保审议“对事不对人”；（5）议题拆分规则，即如果某个议题可以拆分且拆分后更有利于讨论和表决，则议事规则应支持拆分处理；（6）一事不再理规则，即同一议程中对已决议题不再审理，除非出现特殊情形。这些初步规则经过殖民者带入北美，通过殖民地议事实践而日益完善和丰富，最终形成了《罗伯特议事规则》。这些规则是西方议事

① 这一规则对中国的影响最早见于孙中山的《民权初步》，其最新、最系统的中译版本参见亨利·罗伯特《罗伯特议事规则》（第 10 版），孙涤、袁天鹏译，上海世纪出版集团、格致出版社，2008。

经验的凝练，饱含着人类理性审议的智慧，每一个精细的规则几乎都有着发生学上的具体实践情形及其应对技巧。比如，针对议会辩论中的跑题和人身攻击问题，议事规则确立了“面向主持人发言规则”，即参与者之间不能直接辩论，必须面向主持人进行发言。这一规则虽然细微，但对于审议过程的理性推进却意义重大。议事规则的精细化，是治理“拉布”的不二法门。

二 “议场—广场”互动效应与香港“拉布”的恶质化

前已述及，自从 1999 年“拉布”现象出现于立法会运作中以来，“拉布”恶质化现象愈演愈烈。2013 年 12 月 3 日，特区政府开始首轮政改咨询，既有的管治矛盾以及高度敏感的特首普选议题便成为反对派恶意“拉布”的重要导火索。

2014 年 5 月底，特首梁振英在立法会答问程序中遭遇数名“拉布”议员无端打断及掷物，立法会主席曾钰成援引议长警察权中断会议。事后，香港各界反应激烈。多次“拉布”的议员梁国雄坚持“拉布”有理，亦有评论者援引台湾以及其他民主政体之“拉布”先例佐证之。然而，主流意见已开始积极反思“拉布”的民主正当性并寻求加以价值观和议事规则的双重制约。

所谓“拉布”就是阻挠议事，指少数议员对法定辩论特权的滥用，通过冗长辩论和恶意提出多项修正案等各种程序阻挠待决议案的表决通过。台湾地区的“拉布”实践重点不在于冗长辩论，而在于掷物、呼喊、辱骂、肢体冲突等杯葛行为，可称为广义的“拉布”。从此次梁振英答问会遭遇来看，港式“拉布”有从狭义的冗长辩论走向广义的台式杯葛之虞。

2014 年 6 月 27 日晚的立法会财务委员会“强制表决”新界东北发展前期拨款，艰难通过。此次审议实践亦表明香港立法会的“拉布”恶质化现象愈演愈烈，常规议事程序已无法有效支持理性审议与正当表决。反对派议员激烈“拉布”，会议几近瘫痪。建制派议员指责主席吴亮星执法软弱，延误表决。吴亮星于会议后期果断运用议长警察权驱逐“行为不检”之议员，简化最终辩论程序，强制推动表决，使拨款案顺利通过。对于表决结果，建制派认为“剪布”得当，民生利益获得保障，民主程序得保尊严与效力。泛民派则义愤填膺，指称吴亮星滥用职权，议事与表决程序不合法，威胁启动司法复核予以全盘推翻。果断“剪布”的吴亮星主席个人更是在随后的“七一大游行”以及香港大学等主要大学的“民主墙”上遭到形象丑化与人身攻击，被指责为“议会之耻”，而“剪布”前后亦出现过近年较为少见的冲击立法会的群体性事件。

艰难“剪布”只是新界东北拨款案的尾声，前期曾引发多轮惨烈“拉布”和抗议民众冲击立法会事件，几乎重演台湾“占领‘立法院’”故事。场内“拉布”与场外抗议并举，所折射的是香港民主化过程的精神危机，即以抽象普适价值、议会程序主义和广场民粹主义激进“瘫痪”特区政府常规管治体系，渲染政府“民主认受性”低落印象，为泛民主派的政治进取赢得最大化空间。

随着“双普选”的临近，港式民主呈现一种从市民精神到议员言行的“躁动”情绪，对于“功能代表制”下的政府管治正当性与认受性逐渐表现出一种“不耐烦”倾向，主张一次性废除功能组别，追求纯粹民主制的政治理想。在此背景下，任何一项哪怕是公益性突出的政府项目都可能成为“拉布”对象，而利益受到影响的部分基层民众也会在这种“泛政治化”的动员机制下形成场外配合。吴亮星艰难“剪布”赢得了个案胜利，但这只是“前期拨款”，整个项目工程还将遭受全程“狙击”，后续“拉布”与现场抗议将不可避免，甚至还可能直接遭遇近期的“司法复核”之忧。

在香港民主转型遭遇激进主义精神困扰时，立法会议员的整体理性与个体自觉便成为民主成熟的主要标尺。然而，此次异常惨烈的“拉布”与“剪布”之争折射出部分立法会议员对法治和公益的漠视，以一种世俗化的经验主义和程序主义观点看待自身的职责与代表性，而且以一种表现主义的“议场广场化”样式极大削弱了议会审议程序的理性特征与议事效率，阻断了议会整体通过理性辩论与公开交流达成“公益性共识”的制度预期。

当代民主制在实践上走入了一种经验主义和程序主义的误区，将民主过程演绎为：第一，代表是单纯的选区代表，只对影响其选举结果的选民负责，不是整体代表，罔顾公益和法治；第二，民主就是程序安排，就是程序权利的充分运用甚至滥用；第三，民主就是一种多元对抗精神，立场超越理由。这些对民主原理和功能的理解确实切合了民主制的某些特征，但不是对民主制本质的完整理解与把握。

根据麦迪逊在《联邦党人文集》中的界定，代议制民主的本质在于通过“代表”完成公众意见的收集、凝聚与升华，而且代表意见独立于并高于公众意见。麦迪逊指出：“通过某个选定的公民团体，使公众意见得到提炼和扩大”；“由人民代表发出的公众呼声，要比人民自己为此集会，和亲自提出意见更能符合公共利益”。[①] 这是一种理性主义的精英民主理论，也是代议制民主在精神起源与制度发展上的根本逻辑。因此，民主过程是一种以“代表”为主体、通过合理程序安排追求实体性“公益”与“共识”的过程，包含着卢梭的所谓本质主义的“公意”（general will）内涵。[②] 这是因为，民主在原理上设定了同质性和代表性的前提，选举的意义不在于选择简单传递民众声音的“传声筒”，而在于选择在理性能力上高于民众的“代表”来对民众的意愿和目标进行“整合”与“深加工”，以“议会”的机构主体性制定法律或通过决议。施米特对民主的“同质性”理解就来自卢梭政治哲学中的“公意”概念，这是一种本质主义而非程序主义或多元主义的理解，具有形而上学的哲学特征，属于一种严格的哲学建构。[③] 当代民主理论对“代表”概念的理解基本延续了一种多元主义、程序主义与形式主义的哲学传统，而相对遮蔽或遗忘了“代表”概念的发生学内涵与思想史类型，从而无法对当代民主实践中出现的诸如“拉布”之类的程序异化

---

① 参见汉密尔顿、杰伊 · 麦迪逊《联邦党人文集》，程逢如等译，商务印书馆，1980，第 49 页。

② 关于卢梭的“公意”哲学，参见卢梭《社会契约论》，何兆武译，商务印书馆，2003 年修订第 3 版，第 35 ~ 37 页。

③ 关于施米特的民主同质性概念之分析，参见田飞龙《施米特对魏玛宪制的反思及其政治宪法理论的建构》，《南京大学法律评论》2014 年春季号，法律出版社，2014。

现象给出超越既定理论范式的诊断、批评与重构。根据美国政治学者皮特金教授的考察与分析，“代表”制在历史上大体存在过三种类型：象征代表制、实质代表制与形式代表制。[①] 当代民主实践的程序异化现象与代表理论的类型缺陷存在内在的逻辑关联。而“拉布”的泛滥以及“议场广场化”的不良趋势就是对本质主义民主原理的背离，也是对议员“代表”责任之公共属性的背离。只有具有“公共性”自觉的议会代表才可能将共同体导入理性和法治的优良轨道，才能成功地以整体的议会权威和正当性吸纳和消解任何民主政体所面临的广场化、大众化、民粹化的激进主义困扰，才能有真正的作为公共生活重心的“议会政治”。

三 恶质“拉布”的规则治理

当“拉布”议员及其支持者津津乐道“拉布”有理时，他们遗忘了民主的本质精神不在于小团体主义，而在于公共利益和公共理性。“拉布”是明显的小团体主义的体现，“拉布”议员与其选民之间对特殊团体利益的道德认知和政治追求超越了民主社会共同价值观与公共利益。这种“四两拨千斤”式的政治行为遗忘了民主社会的本质逻辑。所以，在一个常态健康的民主社会，礼赞“拉布”是非常可笑的，社会的理智共识应朝向对“拉布”及其小团体主义的制度化管控。随着香港“双普选”的来临，港式民主真正的挑战已经不是选举议题，而是反“拉布”议题。唯其如此，优质的港式民主才可呈现。

如何反“拉布”呢？当然不能采取“釜底抽薪”的做法来禁止“拉布”，就像不能因为病变就随便割除器官一样，亦如麦迪逊曾言的，不能因为派系危害而消灭之，否则自由将荡然无存。主要思路是议会整体自治，可考虑如下做法。

---

① See Hanna Fenichel Pitkin, *The Concept of Representation*, University of California Press, 1967, 中译本参见皮特金《代表的概念》，唐海华译，吉林出版集团有限责任公司，2014。

第一，议长警察权的法治化。议长是议会会议的主持者，尽管丧失了古典威权议事结构中的权威，但应当具有足够的法定权力来管控议事程序，引导理性辩论，推动议会审议，完成预定议程，使民主成熟运转起来。香港立法会的议长警察权有明确的法律依据，但还不够细致具体：其一，《基本法》第七十二条赋予的议长职权，但最重要的还不是第（一）到（五）项规定的常规程序主导权，而是第（六）项关于议事规则赋予的其他职权；其二，《立法会议事规则》第九十二条赋予议长的程序自由裁量权，其中特别载明议长在议事规则无定例时可参照其他立法机关的惯例及程序处理。曾钰成主席的数次“剪布”行为大体依照上述法律规定。但由于这些规定不甚具体，议长是否会有怠惰或滥用职权，均在未定状态。因此，通过修改议事规则以具体化议长警察权，使相应规定不仅成为议长权力依据，也成为议长职责义务，便于议员和公众监督，则显得十分必要。

第二，议事辩论规则的完善化。立法会的议事规则订立于 1998 年 7 月 2 日，最新修订于 2014 年 3 月 21 日。该议事规则对立法会议事程序作出了较为详细的规定，但在反“拉布”方面仍显不足。此次特首问答会遭遇“拉布”之后，议事规则修订逐渐成为共识。修订的重点即应放在反“拉布”上。在这方面，《罗伯特议事规则》或可作为重点参考，以下要点值得记取：议员发言必须面向议长，而不是持反对立场的其他议员；不同意见优先安排发言，最大化呈现最多元的意见；对民主多数表决规则的捍卫，辩论必须以对多数表决结果的服从为指向；反对人身攻击、辱骂、肢体冲突等不文明行为；一事一议，有质量的辩论不应偏题和施加不相关干扰；辩论规则应包含具体明确的终结辩论规则，议长和议员多数应在终结辩论上享有程序裁断权。

第三，议员罚则的强化。特首梁振英立法会讲话遭遇“拉布”风波后，政务司长林郑月娥提出订立议员罚则，但曾钰成主席认为德国罚则主要适用于缺席、迟到、不投票等纪律问题，“拉布”属于议员辩论的政治行为范畴，定罚则有困难。实际上对于“拉布”议员的罚则在法例中已有体现，只是不够充分：《基本法》第七十九条第（七）项规定，针对行为不检或违反誓言的议员可由出席议员 2/3 通过谴责案，由议长宣布丧失资格，这是最严厉有效的罚则，应可适用于长期极端化“拉布”而“行为不检”或“违反誓言”的个别议员，只是 2/3 门槛较高；议长警察权可在程序上暂时阻断“拉布”，也是一种软性罚则。罚则问题在于最严厉者难以适用，程序阻断又太轻，缺乏中间性罚则，未来修改或可考虑“过半数谴责但不罢免”、适当数额罚款、禁止参会数次、议会大会检讨等措施，作为议事制度创新，逐渐培育引导良性议事文化。

总之，《基本法》秩序下的香港管治显然不能纵容场内“拉布”与场外抗命的恶性互动，治理思路应循着议事规则优化的方向进展。值得庆幸的是，尽管遭遇了巨大压力，香港立法会亦在法治与民意支持下开展了较有成效的“剪布”实践，一定程度上利用既有规则抑制了“拉布”的恶意蔓延，但规则细密程度及“剪布”实践仍有待完善提升。只有当公益与法治真正成为一种为立法会和香港社会普遍、深度分享并捍卫的优先性“核心价值”与“公共理性”时，场内恶意“拉布”与场外违法抗命才可能被限缩至最低限度。

《基本法》实施的困境与完善的可能选择*

李文曾**

摘　要：《基本法》实施的十七年，是中央政府对香港恢复行使主权的十七年，也是香港实践高度自治的十七年。《基本法》实施以来，香港社会政治、经济和文化等各领域所取得的重要成就是有目共睹的，它促成了香港的平稳过渡、实现了香港特区的有效治理和繁荣稳定、充分保障了港人的权利和自由，在一定程度上也使得香港人心不断回归。然而在《基本法》的实施过程中也不可避免遭遇了一些困境。以香港政治体制层面而言，有行政长官权力行使的保障不足、立法会和司法机构扩权倾向正在打破权力的平衡格局、行政机关在立法会不能得到稳固支持以及达至普选这一政制发展目标过程中的分歧在不断增加等，基于此，完善《基本法》的解释机制和实施细则成为了必要且紧迫的任务，而在必要的时候考虑通过修改《基本法》的方式来解决《基本法》实施中所遇到的问题也不失为一种可能的选择方案。

关键词：《基本法》　解释机制　可能选择

* 项目信息：中央高校基本科研业务费专项资助（项目名称：香港选举制度的发展与政治体制的变化）；港澳与内地合作发展协同创新中心项目资助（项目名称：香港行政长官普选的争议焦点及法律回应）；教育部人文社会科学重点研究基地、中山大学港澳珠江三角洲研究中心基地自设项目资助（项目名称：香港特区行政长官普选的制度设计）。

** 李文曾，男，北京大学法学院博士研究生，研究方向为宪法与行政法学港澳基本法。

一 引言

《香港特别行政区基本法》（以下简称《基本法》）作为解决香港历史遗留问题、落实“一国两制”伟大构想而制定的宪制性文件，规定了在香港实行的制度。它既是特区政府借以施政的法律根据，也是中央政府对香港实施“一国两制”方针的法律根据。《基本法》确立了香港各方面的基本秩序，成为保持香港长期稳定繁荣的根本保证。① 《基本法》实施的十七年，是中央政府对香港恢复行使主权的十七年，也是香港实践高度自治的十七年。在香港的历史与未来交会之际，这不短的十七年光阴见证了探索并践行“一国两制”这一新型宪政秩序的风雨历程。回归十七年来的历史证明今日香港的经济繁荣、民主发展与社会进步，离不开作为实践“一国两制”方针的《基本法》的成功实施。虽然其间全国人大常委会曾就《基本法》个别条文在香港特别行政区如何实施做过若干解释，但总体上来看，《基本法》能够有效地适应香港特别行政区各个方面的需要，显示了《基本法》自身的科学性和活力。香港正努力发挥自己的独特优势，在民主政治、对外交往、保障人权和金融发展等各个方面取得了重要的成就，为国际社会所普遍认同。

然而，作为框架性、总体性的法律，1990 年通过的《基本法》不可能完全预料到特区未来各种可能发生的情景，在实施中必然会遇到各种困难和新的挑战。特别是由于“一国两制”无先例可循，内地和香港又历经了各自不同的发展历程，形成了不同的法律和政治文化，在《基本法》实施过程中，不可避免地出现了一些分歧和争论，产生了一些不容忽视的问题。当前《基本法》框架下的香港政制和法制发展始终在不断揣摩与探索之中，而以吴嘉玲案、庄丰源案、外佣案、双非案等围绕居港权发生的案件和事例为代表的《基本法》论争折射出了《基本法》的实施并不总是一帆风顺的

① 引自饶戈平教授在“基本法实施十周年暨颁布十七周年研讨会”上的发言。

事实，甚至可能间或发生剧烈的震荡。我们可以预见，在未来的香港民主化进程中，实践《基本法》还将会面临这样或那样的问题。为此，在完善《基本法》的解释机制和实施细则之外，在必要时考虑《基本法》的修改或将成为一种可能的选择。

二 《基本法》实施的困境——以香港政治体制层面为例

虽然“一国两制”和《基本法》的实施取得了举世瞩目的成就，然而，同任何其他法律一样，《基本法》在实施过程中也必然会遇到各种困难和挑战。

（一）关于行政长官的地位和权力保障问题

在《基本法》之下，行政长官与特区政府、立法会、司法机构一样，都是香港特别行政区政治体制的一个政治机构。基于处理中央与香港特别行政区关系和设计一套相对独立的特区政治体制的需要，《基本法》赋予行政长官双重法律地位，他既是香港特别行政区的首长，在国际活动或重大交往中代表香港特别行政区，又是香港特别行政区政府的首长，领导香港特别行政区政府。与此同时，为了构建一套行政主导的政治体制，《基本法》赋予了行政长官广泛的、能动性的职权。然而，在《基本法》的实施过程中，行政长官的崇高地位却未能得到应有的保障，其广泛职权也未能得到充分行使。最突出表现在如下两个方面。

一是行政长官未能享有与其地位相适应的特权和豁免。例如，根据2008 年修改后的《防止贪污贿赂条例》，行政长官可能在任期间受到由其领导的廉政公署、律政司的侦查、检控，还有可能被移交司法处理。又如，根据《立法会权力与特权条例》的规定，立法会可以传召行政长官作证，这显然与《基本法》规定的行政长官这一政治机构的法律地位相冲突。

二是《基本法》赋予行政长官的职权中，有一部分行政长官从未行使，有一部分则有意无意地让渡给立法机构或司法机构。例如，行政长官从未行使过发布行政指令的权力。行政长官在《基本法》的解释和运用方面未形成足够的话语权和权威，没有充分利用和行使《基本法》赋予行政长官的庞大权力，运用行政手段去制定和推行政策，反而属意主要以立法方式去进行管治。从而使立法会在《基本法》的实施方面占据主导地位。权力长期不行使形成所谓“宪法惯例”，便等同于失去权力，背离了《基本法》赋予行政长官广泛权力的立法初衷。

（二）关于立法会扩权问题

在《基本法》之下，立法会是香港特区的立法机关，享有立法权，财政预算、税收和公共开支批准权，对行政机关的监督权、对行政长官的弹劾权等权力。回归后，香港立法会通过各种方式扩展《基本法》赋予它的权力，部分是通过《议事规则》《立法会权力及特权条例》做出明文规定，部分是在实践中形成所谓“宪法惯例”，制约特区政府的施政。立法会声称其按照《基本法》所拥有的权力受到了广泛的质疑。主要体现在以下方面。

第一，立法权方面。《基本法》对立法会议员提出议案的权力进行了限制，即涉及公共开支、政府体制或政府运作的议案，在提出前要经过行政长官的同意。立法会的《议事规则》规定议员提出的法案是否属于《基本法》第七十四条规定的情况由立法会主席决定，但包括特区政府在内的大部分人认为这项权力应当属于行政长官。同时，部分立法会议员认为，他们在修订政府提出的法案时，可以不受《基本法》第七十四条的限制。实践中，每年当政府的财政预算案在立法会审议时，总会有一些议员提出私人法案来削减或否决某些政府支出。

第二，人事权方面。《基本法》并未赋予立法会任何人事方面的权力。但是，实践中不少立法会议员罔顾中央任命主要官员的权力，不时向主要官员提出不信任动议，意在迫使有关官员下台。

第三，监督权方面。《基本法》虽然规定立法会可就任何有关公共利益的问题进行辩论，但对显然超出特权高度自治范围的事务，是否可以理解为

《基本法》规定的公共利益问题存在极大争议，例如有关国家利益的事务，《中华人民共和国宪法》规定由国家机关行使权力的事务，特区范围内由中央管理的事务，特区范围内涉及中央与地方关系的事务，等等，实践中特区立法会经常对此类事务进行辩论，引起了中央政府的高度关注。

第四，调查权方面。《基本法》规定，立法会在行使各项职权时，如有需要，可以请有关人士出席作证和提供证据，《立法会权力及特权条例》赋予立法会广泛传召证人和索取证据的权力。一般认为，立法会可行使对受谴责议员的调查，选举调查等内部调查以及弹劾调查，但立法会不应当具有行政调查权，但是实践中，立法会大量对涉及政府政策的事务展开调查，在某种程度上侵蚀了政府的政策制定权。

第五，其他。近年来，有议员肆意滥用立法会议事规则，展开“拉布行动”，即对政府法案或决议案提出极大量的修订并无休止地发言拖延时间，严重阻挠政府的立法和落实政策工作，导致政府的部分计划无法落实。例如，行政长官梁振英上任之初的政府总部架构重组计划，即部分因为反对派立法会议员的“拉布”而宣告流产。

（三）关于司法机构扩权问题

回归前，香港虽然有所谓的“成文宪法”（《英皇制诰》和《皇室训令》），但其内容简单，基本上只规范了香港的政治体制，可争议之处有限。这些宪制文件在诉讼中被引用的情况很少，因而法院通过这些文件的解释而取得政治影响力的事例极少。回归后，《基本法》作为一部成文的“宪法”赋予法院极大的空间通过解释“宪法”发挥政治影响力。这主要体现在以下方面。

第一，在维护人权、自由和公义的大旗下，香港法院对司法复核的申请采取了颇为宽松的态度，通过在诉讼中对《基本法》条文作出解释，香港法院实际上取得了一些立法、修改法律、制定和改变政策的权力。这方面的案件不胜枚举，例如关于居留权的一系列案件、维港填海案、港珠澳大桥案、政府出售公屋商场案、综援案等。

第二，在司法案件中，香港特区法院有些时候裁定某些香港本地法律因违反《基本法》无效。法院此举等于行使违宪审查的权力。究竟法院是否拥有违宪审查权，还是违宪审查权只属于全国人大常委会，也是《基本法》实施中遇到的一个重大问题。实践中香港特区的司法机构已经广泛而深入地行使了这项权力。

第三，《基本法》规定，如香港特别行政区法院在审理案件时需要对《基本法》关于中央人民政府管理的事务或中央和香港特别行政区关系的条款进行解释，而该条款的解释又影响到案件的判决，在对该案件作出不可上诉的终局判决前，应由香港特别行政区终审法院请全国人民代表大会常务委员会对有关条款作出解释。但是，实践中，部分法官认为在审判过程中主动就某些《基本法》条文提请全国人大常委会释法会削弱香港的司法独立，也会损害其在香港和国际的声誉，因而不愿主动提请全国人大常委会释法。加之中央和特区政府也不愿轻言释法，实践中便出现了一些香港法院对《基本法》作出的解释明显违反了立法原意的现象。庄丰源案、吴嘉玲案便属此例。在吴嘉玲案中，香港终审法院甚至认为其对全国人大及其常委会的立法行为享有司法审查权。

第四，《基本法》第四十八条第六款规定特首“依照法律程序任免各级法院法官”；第八十八条规定，“香港特别行政区法院的法官，根据当地法官和法律界及其他方面知名人士组成的独立委员会推荐，由行政长官任命”。这些规定赋予了行政长官实质上的法官任免权。但实践中，行政长官只是确认主要由法律界人士组成的司法人员推荐委员会属意的人选而已，这造成行政长官对法官的影响力极小，法官在工作时便无须考虑行政机关的法律观点。

（四）关于行政机关在立法会中没有稳固支持问题

由于立法会和行政长官的选举办法相互独立，具有不同的社会支持基础，这就决定他们在施政方针和政策路线上不可避免地会出现分歧。加之行政长官不容许有政党背景，绝大多数的主要官员也不隶属于任何政党，而直接选举产生的议员则往往受所在党派立场左右，功能界别议员又特别要照顾其界别的利益，因此他们并没有必须全面和无条件支持特区政府的动力。行政会议虽然吸纳了立法会主要政党的成员，但由于种种原因，实践中也无法起到在立法箍票的作用。故而政府在立法会没有稳定可靠的多数或大多数支持。政府的法案、财政预算案及政策方针能否得到立法会的支持，经常存在不确定性，这使得政府在推行稍具争议的政策时步履维艰，而一旦政策或法律建议遭到否决，则特区政府的威望会大大受损。比较典型的例子是，2003 年特区政府未能向立法会提交维护国家安全的法案，2005 年特区政府提出的政制改革方案在立法会遭到否决。

（五）关于政制发展问题

政制发展问题是指按照《基本法》规定的原则、程序和要求循序渐进地修改行政长官和立法会产生办法最终达至普选的问题。政制发展问题有极强的政治性，受到很多复杂因素的影响，是《基本法》实施过程中最具争议性和挑战性的问题。回顾十余年香港走过的政制发展的历程，面临的主要问题如下。第一，按照《基本法》及其解释规定的“五部曲”程序，达成各方面（即中央、特区政府和立法会）都能接受的政制发展方案难度极大。第二，对于如何理解《基本法》对行政长官和立法会选举办法的实体性规定，社会意见分歧，还有香港社会有人士认为关于普选的“国际标准”凌驾于《基本法》是在香港实行普选的最高依据，这导致香港社会对衡量具体选举办法的标准莫衷一是，增加了就普选方案达成共识的难度。

三 《基本法》修改作为完善《基本法》的一种可能选择

香港回归以来，香港社会出现的问题中有的是与《基本法》的实施有关，这是不可否认的，因此完善《基本法》的实施成为了当务之急。完善《基本法》的实施举措应当根据具体问题而展开相应研究，近年来应用较多的是对《基本法》进行解释以适应香港社会的发展和变迁，因此进一步完善与《基本法》实施相关的制度和机制也不失为一种选择。然而当下香港内部存在的问题的解决光靠解释《基本法》和完善《基本法》实施机制也许不是最理想之举，也未必能满足香港社会的发展和变迁的需要。为了有利于更好地维护香港《基本法》的权威和落实《基本法》赋予香港社会的政治生态、权力架构和全力保障机制，在必要的时候修改《基本法》应当是不可回避的方案选择之一。

（一）《基本法》修改的必要性探析

1. 通过释法无法满足或解决香港社会的变迁出现的所有问题

按照《基本法》第一百五十八条的规定，《基本法》的解释权属于全国人大常务委员会。它有对于整部法律的解释权，同时香港特区法院在审判过程中涉及香港自治范围内的《基本法》条款时，也授权香港特区法院来进行解释。但如果这种香港特区法院的解释涉及中央的权限，而这种解释的结果也可能影响到一个最终判决的时候，需要由法院通过特区政府向向全国人大常委会来申请解释，法院在判的时候必须以全国人大常委会的解释为准。《基本法》实施以来，全国人大常委会在关于香港居民内地子女进入香港、2007～2008 年是否能够实行普选、2005 年特首董建华提出辞职后关于职位空缺剩余任期、刚果金案等多个场合行使过释法权。通过这几次释法逐渐明确了释法主体，也平息了对《基本法》解释的争论，更是保证了对《基本法》的正确理解和实施。

然而，随着香港社会的发展变迁，越来越多的问题出现，仅凭全国人大常委会释法是不可能解决社会发展中出现的所有问题的。随着实践的发展，我们也可以看出《基本法》导入的某些制度和概念如全国人大常委会释法来到普通法下的香港出现了水土不服现象。实际上，《基本法》第一百五十八条反映了《基本法》解释制度在设计上存在内在（法律条文）的矛盾和冲突，其实质在于两地法律制度内在的不协调和不匹配。社会现实的发展变化，有其自身的规律，法律中硬性的规定，不可能完全左右实践的取向。只要法律的规定不适应现实社会实践的需要，社会就会产生一种自发的需求和行动，作出某种变更，突破现行法律的规定，最终导致法律的修改。法律应当稳定，但是随着社会的发展，对其的修改是不可避免的，世界上罕有永远不变之法。

2.《基本法》中明确规定了修法制度

《基本法》的通过为香港的顺利回归铺平了道路，也对回归后香港的政治、经济体制以及中央和特别行政区的关系进行了较明确的规范。《基本法》第一百五十九条明确地规定了《基本法》的修改规则，即修改权权属①、修改提案权权属②、修改的程序③及其限制④。同时，《基本法》附件一第七条和附件二第三条也对《基本法》附件的修改有所规定。前述有关修改特区《基本法》的规范体现了以下含义。第一，《基本法》具有可修改性。《基本法》和所有法律一样，在适当时机做出必要修改是可能的，《基本法》也在其专章内做出相应规定，主要在于修改什么、如何修改、修改条件与时机如何认定。第二，《基本法》的修改非常严格和慎重。《基本法》的任何修改，都不得同中华人民共和国对香港既定的基本方针政策相抵触，而且只有全国人大才有修改权，对于中国其他的基本法律，全国人大常委会可以在不与该法律的基本原则相抵触的前提下进行修改。第三，修改基本法的主导权在中央政府。修改权只属于全国人大，而且只有全国人大常委会、国务院和特区政府享有修改提案权。第四，特别行政区政府在修改《基本法》上享有高度的自治权。其一，《基本法》规定任何修改不得同中央对香港既定的基本方针政策相抵触，而基本方针政策中非常重要的内容就是高度

---

① 修改权属于全国人民代表大会。

② 修改提案权属于全国人民代表大会常务委员会、国务院和香港特别行政区政府。

③ 修改程序为香港特别行政区的修改议案，须经香港特别行政区的全国人民代表大会代表三分之二多数、香港特别行政区立法会全体议员三分之二多数和香港特别行政区行政长官同意后，交由香港特别行政区出席全国人民代表大会的代表团向全国人民代表大会提出。本法的修改议案在列入全国人民代表大会的议程前，先由香港特别行政区基本法委员会研究并提出意见。

④ 修改的限制，即《基本法》的任何修改，均不得同中华人民共和国对香港既定的基本方针政策相抵触。

自治。其二，特别行政区享有修改《基本法》的提案权。其三，修改《基本法》附件一、附件二的提案权只属于特别行政区。综上，修改《基本法》是其自身发展完善的内在规定。

(二)《基本法》修改的指导思想

1.《宪法》第三十一条

《中英联合声明》为香港特区的法律制度在国际层面定下宪制框架，而由中华人民共和国全国人民代表大会根据《中华人民共和国宪法》第三十一条通过的《基本法》，则在本地层面为香港特区的法律制度提供了宪法依据。《中华人民共和国宪法》第三十一条明确规定：“国家在必要时设立特别行政区。在特别行政区内实行的制度按照具体情况由全国人民代表大会以法律规定。”正是依据《宪法》第三十一条成立了香港特别行政区和制定了《基本法》。

香港回归后，作为中国的一个特别行政区，是中华人民共和国领土的不可分割的一部分，是单一制国家结构形式下的一个享有高度自治权的地方行政区域。《基本法》是一部全国性法律，也是一部特别法，是特别为解决香港回归以后的治理方式而制定的宪制性的法律。它是根据《宪法》第三十一条来制定的，所以《宪法》是制定香港《基本法》的根据，《宪法》是它的上位法。为此，《基本法》规定，香港特别行政区的各项制度和政策需以《宪法》第三十一条为依据。既然，《宪法》第三十一条是基本法制定的指导思想，那么《基本法》的修改同样需依照《宪法》第三十一条的规定，不得违背《宪法》第三十一条规定行事。

2. “一国两制”方针

“一国两制”方针是基本法的根本指导思想。20 世纪 80 年代初，邓小平同志以伟大政治家的智慧和胆略，提出了“一个国家，两种制度”的伟大构想，为解决香港问题、完成祖国和平统一大业开辟了切实可行的道路，也为国际社会以和平方式解决历史遗留问题和争端提供了崭新的思路。“一国两制”伟大构想的核心内容，是要解决中国恢复在香港行使主权后如何管理香港、在香港实行什么样的制度的问题，而《基本法》正是从法律制度上来保障“一国两制”方针的实施，是“一国两制”方针的法律化、制度化，是保持特别行政区长期繁荣稳定的根本法保障。总之，现行《基本法》是为了贯彻落实“一国两制”方针，修改《基本法》同样是为了进一步遵循和落实“一国两制”方针。

香港作为中华人民共和国范围内的一个特别行政区，理应受制于国家法律和受到中央政策的影响。因此《基本法》的任何修改除了不能与《宪法》与“一国两制”方针相抵触以外，还不得同中华人民共和国对香港既定的基本政策相抵触。

（三）《基本法》修改应当遵循的基本原则

法律修改又称“法律修正”，是法律制定主体或者是依照法律的规定享有法律修改权的国家机关或其他特定的主体对法律规范中不符合社会实际需要的内容而根据法律所规定的特定修改程序加以删除、增加、变更法律部分内容的法律创制活动。法律的修改对法律自身的稳定性和政治的连续性都有消极作用，为此，对其修改都应当遵循一些基本原则。《基本法》作为我国法律体系中的一部基本法律，为了减轻法律修改的负面影响和充分发挥其适应现实社会的积极作用，其修改理应遵循一定的原则。具体而言，应该符合慎重原则、程序正当原则和穷尽《基本法》解释方法原则等。

所谓慎重原则，指的是修法机关在决定是否修改法和如何修改法时应进行全局性的综合考虑，只有在条件成熟时才可以修改《基本法》。修改不能过于频繁，稳定性是法律权威的重要来源，朝令夕改的法律，其权威性肯定会大打折扣。比如《基本法》修改条件应当充分，可改可不改时不改；非改不可，不修改就会出现较为严重的问题时才进行修改。修改条件也应当必要，在使用解释等方法仍不能解决问题时才修改。如果不是情况非常紧急需要马上修改，就应当选择一个更好的时机再修改。

程序正当原则是指《基本法》的修改要遵循一定的程序和步骤。修改程序的正当性一方面有利于确保修法内容的正当性，从而提高其社会的适应能力，延缓下一次法律修改的到来；另一方面能增强修法内容的可接受性，为其实施铺平道路。《基本法》的修改理应遵循第一百五十九条和附件所规定的条件和程序。

而穷尽《基本法》解释方法原则指使用修改《基本法》的方法的前提应当是通过《基本法》解释方法已经无法完成或者实现目的的情形，即《基本法》在实施过程中出现的问题有哪些是通过《基本法》修改途径之外的其他方法无法得到有效解决而必须启动修改程序来解决的。其中也包含了《基本法》修改与《基本法》解释之间的法理关系，也就是说，无法通过《基本法》解释的方式来有效解决问题的事项不得不诉诸基本法修改途径，否则就会影响特区的未来发展。法律解释主要解决现有法律规范的确定性问题，而法律修改则解决法律规范的合法性和合理性问题。故在实践层面，考虑到法律本身的政策性因素，法律解释应当是优先于法律修改成为更加常用的手段。在解释《基本法》的手段不能有效解决《基本法》与特区政治、经济、文化和社会发展要求相适应时，《基本法》修改就成为逻辑上的必选项，这种必选项的主要范围在哪里，是在《基本法》之内，还是在《基本法》之外，这是《基本法》修改自身存在的逻辑空间。

四　结语

《基本法》是一部具有历史意义和国际意义的法律，是一个具有创造性的杰作，从香港回归多年的实践看，《基本法》无疑保障了香港的顺利回归和繁荣稳定，取得了巨大成功。然而《基本法》是一个框架性、总体性法律，不可能涵盖和预见其后的所有问题，在实施过程中存在和出现了一些问题，尝试运用解释《基本法》的途径来解决《基本法》实施中所遇到的各种问题已经无法满足香港社会的发展和变迁的需要，修改《基本法》已经是不可回避的现实问题。而且修改《基本法》既为法律所规定，也是当前社会现实提出的要求，目前来看只是一个时机早晚和修改内容选择的问题。不论是中央政府还是特区政府，都将面临是否及如何修改《基本法》的问题，相关各方有必要未雨绸缪，早做准备。为此，我们应当及早对《基本法》修改问题进行系统研究，并给出一个《基本法》修改的框架，包括可以修改的空间、修改的发展方向、修改时机以及具体策略，特别是应当明确《基本法》修改的启动和进行程序，保证《基本法》在实施过程中能够始终适应香港特别行政区保持“繁荣稳定”的要求，而本文仅仅是该问题研究的开始。

港澳经济及与内地合作

香港知识溢出对内地创新能力影响的实证研究

——以广东省为例*

王 鹏 赵 捷**

摘　要：改革开放以来，内地经济技术和创新水平的提高离不开源自香港的知识溢出。本文以广东省为例，运用 1990 ~ 2010 年粤港两地经济社会数据，从知识溢出角度构建知识生产函数模型，实证分析了香港知识溢出对广东省创新能力的影响。结果显示，知识存量和 R&D 资本存量是区域创新能力提高的主要因素，香港直接投资会对广东省创新能力产生轻微的负面影响，但粤港两地交流则对创新能力的提升具有正面作用。同时，广东省人力资本和信息通畅度会影响香港知识溢出效果，市场竞争度的提升则会扩大香港直接投资知识溢出产生的负面效应。在实证研究的基础上，本文针对如何提升内地整体创新水平提出了若干政策建议。

关键词：知识溢出　知识生产函数　区域创新能力　香港

* 基金项目：国家自然科学基金青年科学基金项目（71202141）；广州市科技计划研究项目（2013Y4300009，2013SX011）。

** 王鹏，暨南大学经济学院特区港澳经济研究所副教授，经济学博士；赵捷，广东省电信规划设计院有限公司企业咨询研究院咨询顾问，经济学硕士。

一 引言

内生增长理论中，创新和技术进步是经济增长的重要源泉，区域创新能力的提高，不仅依赖于自身的研发投入，也受惠于区域间的知识溢出。当某一区域接受外商直接投资（FDI）时，可以通过积累生产经验，获得显性的知识溢出，从而提高生产效率。同时，对于那些不易用语言表达、传递和学习的，且与个体的体验和经验紧密相关的隐性知识，往往会在区域交流和人员往来中得以体现与传播。改革开放以来，香港地区一直是内地最重要的贸易伙伴和最大的境外投资来源地。截至2013年11月底，内地累计批准港资项目36.09万个，实际利用港资6656.7亿美元；按实际使用外资统计，港资占内地累计吸收境外投资总额的47.7%。[①] 随着《内地与香港关于建立更紧密经贸关系的安排》（CEPA）及其一系列补充协议的签署和实施，内地与香港在经贸交流中的体制性障碍逐年减少，两地间的资本、人员、货物等要素流动也更趋便利，这不仅对香港经济发展起到了积极的促进作用，也推动了内地的经济建设和改革开放。

事实上，由于“技术势差”的存在，不管是显性还是隐性的香港知识溢出都极大地提升了内地的科学技术水平，对于内地创新能力的提高发挥着重要作用。由于历史、地理和文化上紧密相连的缘故，广东省长期以来是香港投资内地的重要区域，粤港之间的经贸、文化交流和人员交往十分频繁，在科技研发上也保持着密切的合作关系。本文以广东省为例，采用1990～2010年粤港两地经济社会数据，基于知识溢出理论构建知识生产函数模型，实证分析香港知识溢出对于内地创新能力的影响，以期充分发挥内地与香港的各自优势，进一步深入开展经济技术合作，共同提高区域创新能力和技术水平。

---

① 参见商务部台港澳司《2013年1～12月内地与香港贸易、投资情况》，http://www.mofcom.gov.cn/article/tongjiziliao/fuwzn/diaoca/201402/20140200481421.shtml。

二　文献述评

知识溢出被广泛运用于内生增长理论、经济地理学和区域经济学的研究中，是解释经济增长、产业集聚和区域创新的重要概念之一。Ibrahim 和 Fallah（2005）认为，知识溢出是知识无意识的转移，由于技术知识的非竞争性和部分排他性特征，使得知识在生产、应用过程中产生外部性——“溢出”。大量经验研究表明，知识生产的外部性对经济活动的影响在城市和区域等较广的范围内更为显著（赵勇、白永秀，2009），因而许多学者从空间的角度进行研究，探讨知识溢出发生的机制。Mille（2004）研究了知识溢出和大学之间的关系，认为大学通过科研效应和教育传播效应推动本地经济发展。卢福财和胡平波（2007）通过研究网络组织中成员间的知识溢出，发现可通过合作和竞争关系、建立学习机制来增强知识溢出。陶锋和李诗田（2008）分析了全球价值链上的知识溢出，发现代工环节复杂程度、知识差距、企业互动等因素都会影响知识溢出的效果。刘和东（2010）则着眼于产业集群中知识溢出的作用机理，认为知识溢出存在产生、吸收、转化和再扩散三个阶段。

对于知识溢出产生的源泉，已有文献的研究可分为两条主线：一是着眼于“外部因素”，研究外商直接投资等非本地因素产生的知识溢出。Aseev 等（2005）以两国内生增长模型为基础，分析落后国家如何最优地向发达国家吸收知识，认为“追赶国”的生产率若与“领先国”相关，则不是最优生产水平。袁诚和陆挺（2005）、吴波（2008）、陈继勇和盛杨怿（2008）分别从 FDI 管理知识溢出、FDI 与本地集群企业、FDI 与区域经济增长三个角度进行研究，结论均表明 FDI 的知识溢出效应并不显著甚至具有负面影响，而本土的科技研发投入才是提高区域创新能力、促进经济增长的源泉。Crespo 等（2009）探讨了跨国企业对本地企业的知识溢出，发现企业之间纵向联系比横向联系产生的知识溢出效应更明显。进一步地，肖文和林高榜（2011）细分了海外研发资本的知识溢出效应，发现 FDI 渠道的不同对本国技术进步的作用存在显著的差异。二是着眼于“本土因素”，探讨本地网络、跨区域知识溢出的发生机制。Kesidou 和 Szirmaib（2008）研究了本地知识溢出对创新和出口的影响，认为本地知识溢出在提升创新水平上扮演着关键的角色。徐盈之等（2010）则着眼于本土知识存量、区域间知识溢出对区域经济增长的影响，认为两者都对区域经济具有促进作用，而知识溢出的效果受当地人力资本水平和吸收能力的影响。

知识溢出对区域经济增长、产业（企业）集聚和创新的影响已为众多学者所证明。首先，在知识溢出与经济增长方面，Fischer 等（2009）测度了知识存量对全要素生产率的影响，发现这种影响在区域间存在差异性，并证明其生产力效应与空间邻近性成正比。Davis（2009）通过分析国际知识溢出和工人职业选择对经济内生增长的影响，探讨了行业劳动力再分配下的稳定生产力作用以及提升本地知识存量的“破坏”生产力稳定作用，发现当知识溢出超过一个阈值时两者才能达到一个内部均衡的状态。蔡伟毅和陈学识（2010）从水平差异和垂直阶梯两个角度分析知识溢出对我国东中西部全要素生产率的影响，认为 FDI 的技术水平提升效应自东部向中西部逐渐递减。

其次，在知识溢出与集聚方面，Simmie（2002）研究了中小企业集聚的情况，认为集聚需要综合考虑本土和国际知识溢出，而知识溢出通常来源于企业的供给方和需求方。杨蕙馨和刘春玉（2005）通过 Klaus 模型的分析，发现知识溢出在强化企业间知识流动和创新能力的同时，也增加了知识损失的风险，其正负效应的发挥左右着企业的集聚定位决策。张玉明和李凯（2008）、蒋伏心和高丽娜（2012）均研究了区际知识溢出的非对称现象，发现空间因素在知识溢出的过程中具有重要作用，知识溢出的强度随距离衰减，且与各区域的知识吸收能力密切相关。

再次，在知识溢出与创新方面，Lim（2004）测度在核心区发生的创新行为受邻近核心区以及核心区自身知识溢出影响的程度，认为在核心区高技术产业的创新行为受到专业化和多元化的正外部效应影响，并存在着跨区域知识溢出。Greunz（2005）探讨了区域创新系统中大学和企业 R&D 之间的反馈机制，发现在这种机制的作用下，创新过程是非线性的。McCann 和 Simonen（2005）以芬兰为例研究通过地理因素推动创新的因子，认为面对面接触和人力资本的跨区域流动产生的知识溢出都会影响创新产出。邬滋（2010）基于集聚和分散的新经济地理学角度研究发现，从长远看专业化对区域创新能力的贡献由强到弱，多样化与此相反，而竞争性市场则对创新产出有促进作用。孙文松等（2012）则研究了人才流动的知识溢出效应，指出“海归”、跨国企业员工两种人才的流动和本土高新技术企业的创新存在相互加强的现象。

综上所述，关于区域层面的知识溢出，学者们主要从宏观的角度研究知识溢出的发生机制、产生来源以及运用知识溢出来解释各种经济现象，对区域之间知识溢出的具体效果、影响因素等的分析则较为缺乏。改革开放以来，受益于外商直接投资的大量增加，内地经济技术和创新水平有了较快提高，源自香港的知识溢出在其中扮演了重要角色。然而已有文献对内地创新能力的提升究竟是“本土因素”大些还是“香港因素”大些，香港的知识溢出在多大程度上影响了内地创新能力，以及哪一种知识溢出的作用效果最大等一系列问题的研究仍显不足，因而有必要对现有研究作进一步拓展。

本文拟以广东省为例，通过时间序列回归的计量方法，从知识溢出角度构建粤港两地的知识生产函数模型，重点考察香港知识溢出对广东省创新能力的影响，并提出有针对性的政策建议。研究步骤为：首先，构建计量模型，选取知识溢出相关指标；其次，通过回归计算，讨论系数符号和大小；最后，根据研究结果得出主要结论，并提出政策建议。

三　模型构建

（一）基本模型

借鉴陈继勇和盛杨怿（2008）分析 FDI 知识溢出的方法，考虑一个知识生产函数：

$$I = AS^{\alpha} \tag{1}$$

其中 I 为广东省的创新能力；A 是常数，代表外生经济环境；S 为知识资本。对于改革开放后的广东省而言，S 不仅依赖于本区域的 R&D 资本（S^{d}），而且与香港知识溢出密切相关。知识溢出不同于技术扩散，后者是一项技术从首次得到商业化应用，经过大力推广、普遍采用阶段，直至最后因落后而被淘汰的过程，而知识溢出是知识扩散的一种方式，也是知识再造的一个过程。本文认为来自香港的知识溢出主要有两个途径：一是香港对广东省的直接投资，即其在广东省从事生产、经营活动带来的显性知识外溢（S^{f}）；二是由于香港与广东省地理上相邻，文化上一脉相承，两地居民交流频繁，因而在相互交流中也会产生隐性知识溢出（S^{e}）。因此有：

$$S = (S^{d})^{\theta}(S^{f})^{\varphi}(S^{e})^{\psi} \tag{2}$$

将（2）式代入（1）式并将两边取对数，可得以下基本模型：

$$\ln(I_t) = C_t + \gamma_1 \ln(S_t^{d}) + \gamma_2 \ln(S_t^{f}) + \gamma_3 \ln(S_t^{e}) + u_t \tag{3}$$

其中 t 表示时间项，C_t 为截距，u_t 为随机误差项，γ_1 、γ_2 、γ_3 则分别代表了广东省知识存量、香港直接投资知识溢出以及粤港交流知识溢出的弹性系数。

（二）扩展模型

知识溢出的发生会受到各种外部条件的影响。通过引入影响因子的交叉项后解释变量的弹性系数会发生变化，由此可观察影响因子与解释变量相互作用对因变量的影响，因而本文拟通过引入交叉项、建立扩展模型来考察影响知识溢出的因素。首先，知识溢出发挥积极作用的前提是该地区须满足一定水平的人力资本要求，即所谓的“人力资本门槛”。王志鹏和李子奈（2004）、徐盈之等（2010）分别证明了这一“门槛”在我国省域知识溢出中的存在。本文以 HR_t 代表知识溢出吸收地的人力资本情况，因此第一个扩展模型为：

$$\ln(I_t) = C_t + \gamma_1 \ln(S_t^d) + \gamma_2 \ln(HR_t \times S_t^f) + \gamma_3 \ln(HR_t \times S_t^e) + u_t \tag{4}$$

其次，知识溢出本质上是信息的传播，因而信息转移的通畅程度，会影响知识溢出的有效性和显著性。本文以 IF_t 代表知识溢出吸收地的信息通畅度，构建扩展模型为：

$$\ln(I_t) = C_t + \gamma_1 \ln(S_t^d) + \gamma_2 \ln(IF_t \times S_t^f) + \gamma_3 \ln(IF_t \times S_t^e) + u_t \tag{5}$$

最后，随着经济体制改革的深入，内地已逐渐从计划经济转向市场经济，民营企业、外资企业发展迅猛。在市场竞争程度日趋激烈的情况下，FDI 企业既有可能采取合作、联合开发的策略，也有可能采取不合作、严防技术泄露的策略，从而对知识溢出产生不同程度的影响。因而引入市场竞争度 MC_t 和 FDI 知识溢出的交叉项，以对这种情况进行考察：

$$\ln(I_t) = C_t + \gamma_1 \ln(S_t^d) + \gamma_2 \ln(MC_t \times S_t^f) + \gamma_3 \ln(MC_t \times S_t^e) + u_t \tag{6}$$

四　数据来源和指标构建

根据研究范围以及数据的可得性，本文采用广东省和香港特别行政区 1990～2010 年的经济社会数据作为研究样本。数据来源于《香港经济年鉴》（1991～2011 年各年）、《广东统计年鉴》（1991～2012 年各年）、《中国教育年鉴》（1991～2011 年各年）、《中国统计年鉴》（1991～2011 年各年）以及《新中国六十年统计资料汇编》。具体指标构建如下。

① I_t：广东省创新能力。专利的统计值通常被用来衡量区域的创新能力和产出，由于专利申请量与专利授权量相比，受相关机构审核约束小，不易被人为因素左右，因此更能反映区域创新能力的真实水平。考虑到创新从投入到产出需要一定的时间，本文选取滞后一年的数据，即 1991～2011 年的广东省专利申请量作为衡量区域创新能力的指标。

② S^d：广东省 R&D 资本。本文采用永续盘存法来构建 S^d，公式计算如下：

$$S_t^d = S_{(t-1)}^d \times (1 - \delta) + RD_t \qquad (7)$$

其中，S_t^d 为广东省在 t 年的 R&D 资本存量，RD_t 为广东省在 t 年的 R&D 经费支出，折旧率 δ 取值 5%。参考陈继勇和盛杨怿（2008）的计算方法，1990 年的 R&D 资本存量为：

$$S_{1990}^d = RD_{1990}/(g + \delta) \qquad (8)$$

S_{1990}^d 为广东省 1990 年的 R&D 资本存量，RD_{1990} 为广东省 1990 年的 R&D 经费支出，g 为广东省 1990～2010 年 R&D 经费支出增长率的平均数，折旧率 δ 依然取 5%。

③ S^f：香港直接投资知识溢出。依据 FDI 企业在东道国生产、经营过程中产生知识溢出的测度方法，构建 S^f 如下：

$$S_t^f = (FDI_t/K_t) \times RD_{HK,t} \qquad (9)$$

其中，$RD_{HK,t}$ 为 t 期香港的 R&D 投入，FDI_t 为 t 期香港对广东省的实际投资额，K_t 为 t 期香港的固定资本形成增量。

④ S^e：粤港交流知识溢出度。本文认为除了港资企业的显性知识溢出外，香港和广东省通过非商务的交流——如研发合作、文化交往、旅游、探亲访友等——也会产生知识的隐性“转移”。而这种溢出效应可通过以下几方面衡量：一是香港的人力资本水平；二是香港的研发能力，包括 R&D 经费支出和 R&D 人员（高等教育在校人数）；三是香港与广东省的交流频繁度，采用香港国际电话通信时间以及香港至内地游客人次（据 2001～2010 年香港至内地游客及香港至广东省游客人次测算，后者占前者比重高达 93%）来测度。

以上指标在无量纲化处理后，采用因子分析进行缩减和合成。计算结果显示，用最大方差法进行因子旋转后，主成分的累积方差贡献率为 94%，具有较强的说服力，最后通过因子得分矩阵算出粤港交流知识溢出度 S^e。

⑤HR：广东省人力资本存量。对人力资本存量的测度，可以采用受教育年限法，测算公式为：

$$HR_t = \sum_{i=1}^{n} (p_{i,t} h_i) / p_t \tag{10}$$

其中，HR_t 为 t 年广东省人均受教育年限，i 为受教育程度，p_i 为 t 年广东省第 i 层次受教育程度人口数，h_i 为第 i 层次受教育年限，p_t 为 t 年广东省总人口数。本文把教育层次分为高等教育（大专及以上）、中等教育（中学、中专）、初等教育（小学）及初等以下四个层次，其受教育年限分别为16年、12年、6年以及2年。

⑥IF：广东省信息通畅度。广东省对香港知识溢出的吸收会受到本地信息通畅程度的影响，本文认为信息转移的速度越快、范围越广，知识溢出的作用就越显著。而信息的传播主要有两个途径：一是面对面的交流，这种交流与所在区域交通水平密切相关，因此选取通车公路总里程数和每万人拥有汽车数量来测度；二是非面对面的交流，即以各种通信工具为载体进行知识传播，这种交流则用邮电业务总量以及每百人拥有电话（手机）数量来衡量。

本文同样采用因子分析法对以上指标的无量纲化数据进行缩减和合成，经过最大方差法进行因子旋转后，主成分的累积方差贡献率为95.36%，并通过因子得分矩阵算出广东省信息通畅度。

⑦MC：广东省市场竞争度。本文对区域市场竞争度指标的构建，利用以下公式计算：

$$MC_t = \frac{E_{GD,t} / P_{GD,t}}{E_{N,t} / P_{N,t}} \tag{11}$$

其中，$E_{GD,t}$ 为 t 年广东省企业数，$P_{GD,t}$ 为 t 年广东省总人口数；$E_{N,t}$ 为 t 年全国企业数，$P_{N,t}$ 为 t 年全国总人口数。MC_t 值越高，表明该区域市场竞争越激烈。

五　实证分析

本文利用 Eviews 6.0 进行回归分析，结果如表1所示。

表 1　香港知识溢出对广东省创新能力影响模型的回归结果

	(1)	(2)	(3)	(4)
C	5.764 *** (0.108)	5.644 *** (0.165)	5.95 *** (0.206)	5.918 *** (0.142)
$\ln(S^d)$	0.791 *** (0.028)	0.782 *** (0.037)	0.73 *** (0.069)	0.82 *** (0.045)
$\ln(S^f)$	-0.074 * (0.038)			
$\ln(S^e)$	0.133 * (0.068)			0.129 ** (0.039)
$\ln(HR*S^f)$		-0.073 ** (0.023)		
$\ln(HR*S^e)$		0.147 * (0.071)		
$\ln(IF*S^f)$			-0.074 *** (0.016)	
$\ln(IF*S^e)$			0.192 ** (0.072)	
$\ln(MC*S^f)$				-0.145 *** (0.049)
Adj. R^2	0.998	0.998	0.998	0.998
F-statistic	1705.934	1721.157	1815.015	1702.558

注：括号内数字为标准差，*、**、*** 分别表示 t 统计量在 10%、5%、1% 的水平下显著。

表 1 反映了香港知识溢出对广东省创新能力的影响，以及人力资本存量、信息通畅度和市场竞争度与香港知识溢出的相互作用。从实证结果看，各个变量的弹性系数均通过了 10% 以上的显著性检验，各模型从总体上通过了 F 检验，且拟合优度达到 0.998，说明模型的解释力较强。

根据（1）列的测算结果，广东省 R&D 投入以及粤港交流产生的知识溢出都会对广东省创新能力的提高产生促进作用。广东省 R&D 资本存量每提高 1%，其专利申请量将提高 0.79%；而粤港交流知识溢出度每提高

1%，广东省专利申请量则将提升 0.13%。这说明 1990 年以来广东省创新能力、科技水平的提高主要还是归因于自身的研发投入，粤港两地的频繁交流在其中也起到了一定作用。另外，香港直接投资会对广东省创新能力产生轻微的负面影响，该投资每提高 1%，广东省的专利申请量将下降 0.07%。这个结果与袁诚和陆挺（2005）、吴波（2008）分析 FDI 知识溢出所得出的结论类似。实际上，香港在广东省的直接投资主要以追求廉价劳动力为主，大多为技术含量较低的加工、组装工序，而技术含量较高的设计、分销等环节则通常在香港本地完成，造成广东省本土企业既难以吸收外来投资的知识溢出，也不利于通过港资企业培养本土精英。

（2）列和（3）列反映了人力资本以及信息通畅度与知识溢出的相互作用对广东省创新能力的影响。结果显示，广东省人力资本的高低以及信息的通畅程度对香港直接投资的知识溢出影响不大，与未引入交叉项之前相比几乎没有变化。而两者对粤港交流产生的知识溢出则有明显的促进作用：引入人力资本交叉项的粤港交流知识溢出度每提高 1%，会对广东省的专利申请量带来 0.15% 的提升，比之前提高了约 0.02 个百分点，说明广东省人力资本的提高有利于更好地吸收通过粤港两地交流产生的知识溢出；而信息通畅度交叉项的引入对粤港交流知识溢出的促进作用更明显，其每提高 1% 将会为广东省的专利申请量带来 0.19% 的提升，比（1）列结果提高约 0.06 个百分点，表明广东省区域内的信息资源流通越畅顺、速度越快、范围越广，则香港对广东省的知识转移和扩散越明显。

（4）列针对广东省市场竞争程度与香港直接投资知识溢出的相互作用进行了测算，结果显示市场竞争度越高，竞争越激烈，香港直接投资知识溢出对广东省创新能力的负面作用越大。究其原因，主要有两点：一是随着市场竞争的越发激烈，港资企业倾向采取非合作的策略，更加严格地控制知识和信息的泄露，以确保自身的技术优势；二是本土企业由于难以从知识溢出中获取技术信息，且自身规模小、资金少，无法自行开展研究与开发，因而在市场竞争更激烈时只能通过低价策略生存，更进一步压缩了企业 R&D 的空间，造成恶性循环，阻碍了区域创新能力的提升。

六 主要结论与政策建议

本文以 1990～2010 年粤港两地经济社会数据为基础，通过选取知识溢出及其影响因素的指标，构建知识生产函数模型，实证分析了香港知识溢出对广东省创新能力的影响，可以得出以下主要结论。

首先，广东省 R&D 资本存量对本地创新能力的提升作用最大，前者每提高 1%，广东省专利申请量将提高 0.79%。与香港知识溢出产生的影响相比，自身的研发投入和创新环境的改善是广东省技术进步的主要源泉。

其次，香港知识溢出的两种途径对广东省创新能力的影响存在着差异。香港直接投资不利于广东省创新能力的提升，每当其提高 1%，广东省的专利申请量将下降 0.07%。这说明香港在广东省的直接投资主要以低技术的加工、组装、制造环节为主，目的是追求廉价劳动力，根植性和技术含量均较低，本土企业难以从显性知识溢出中获利。另外，粤港两地交流则对广东省的创新能力产生正面影响，每当其提高 1%，广东省的专利申请量将上升 0.13%，说明两地在知识、技术上的“势差”确实能通过经贸文化交流和人员往来产生隐性知识溢出，缩小两地创新能力的差距。

第三，广东省人力资本和信息通畅度也会影响香港直接投资的知识溢出效果，两者的提高对直接投资所产生的知识溢出影响不明显，但能显著提升粤港交流产生的知识溢出效果，分别使其对广东省专利申请量的贡献提高 0.02 个及 0.06 个百分点。而市场竞争度的提升则会扩大香港直接投资知识溢出产生的负面作用，本文认为这是由于港资企业的非合作策略以及本土企业的恶性价格竞争造成的。

改革开放以来，广东省凭借毗邻香港的区位优势，迅速成为内地吸引香港直接投资比重最高的地区，经济外向化程度得到较快发展。与此同时，粤港交流的日益热络，有效促进了来自香港地区的知识溢出，提升了本土创新能力。尽管对于内地不少省区市而言，来自香港的知识溢出受到空间距离等因素的影响，但在 CEPA 及其一系列补充协议的综合效应下，短期内香港作为内地重要的转口贸易中介地和境外投资来源地的地位不会改变，内地与香港经贸文化交流和人员往来将会以更快的速度扩展和深化。因此，为了充分利用香港知识溢出所带来的有利优势，提升内地整体的区域创新水平，特提出以下几方面政策建议。

第一，区域创新能力的提高主要归因于自身知识存量和 R&D 资本存量的提高，因此内地政府应树立“自力更生”的观念，把提高自主创新能力作为推进产业结构调整和促进区域经济发展的重点。在引进外来技术的基础上，要充分重视本土企业的原始创新能力、集成创新能力和引进消化吸收再创新能力，开发具有自主知识产权的核心技术和关键技术，增强企业的核心竞争力和国际竞争力。在科技研发的投入方面，不仅要有“量”的增长，更要有“质”的提高：一方面要加强高新技术产业和新兴产业的自主研发能力，另一方面应鼓励和扶持传统的劳动密集型产业进行技术改造与产业升级。

第二，区域之间的知识溢出会对区域创新能力的提升产生影响，对于距离香港较近的内地区域，应充分利用地理优势加强与香港的直接交流和合作，从中更多吸收知识溢出带来的先进技术和管理水平，加速区域技术进步和经济发展；对于距离香港较远的内地区域，应大力实施各种有效降低知识溢出与转移成本的措施，运用现代运输、通信和信息手段，减少与香港双边交往的（距离）阻隔系数，促进经贸文化交流和人员往来的不断增加。

第三，目前香港在内地的直接投资仍以追求廉价劳动力为目的，通过全球化经营战略实现自身利益最大化，因而不能从根本意义上促进内地创新能力的提高。地方政府要用可持续发展的眼光来看待这一问题，充分了解培养本土企业、本土品牌的重要性，注重自主品牌的产品质量、科技创新、市场营销、文化培育和企业素质的共同提高，通过合理规划、优惠政策、适当引导等方式扶持一批优秀的本土企业，努力打造具有国际竞争力的自主品牌，以保持区域经济持续发展的强劲动力。

第四，人力资本的高低和区域内信息通畅程度也会影响知识溢出的效果，因此地方政府要加强提高人口文化素质对区域创新能力提升重要性的认识，制订科学的人才培养计划，加大对教育的投入力度，通过完善人才引进、使用和保障等方面的政策，创造良好的人才培育和就业环境，增强人力资本对区域经济发展的促进作用。同时，地方政府要不断加强通信和交通领域的基础设施建设，清除制约各种信息转移与流通的体制障碍，依托科技创新和管理创新，突破行政界限，统筹规划布局，整合各类资源，建立和完善基础设施一体化体系，确保人流、物流以及信息传播的有效畅通，最大限度地发挥知识溢出的辐射效果。

参考文献

[1] Aseev, S., Hutschenreiter, G., and Kryazhimskiy, A., Lysenko A., A Dynamic Model of Optimal Investment in Research and Development with International Knowledge Spillovers. *Mathematical and Computer Modelling of Dynamical Systems*, 2005 (11): 125 - 133.

[2] Crespo, N., Fontoura, M. P., and Proençal, I., FDI Spillovers at Regional Level: Evidence from Portugal. *Papers in Regional Science*, 2009 (88): 591 - 607.

[3] Davis, C. R., Interregional Knowledge Spillovers and Occupational Choice in a Model of Free Trade and Endogenous Growth. *Journal of Regional Science*, 2009 (49): 855 - 876.

[4] Fischer, M. M., Scherngell, T., and Reismann, M., Knowledge Spillovers and Total Factor Productivity: Evidence Using a Spatial Panel Data Model. Geographical Analysis. 2009. (41): 204 - 220.

[5] Greunz L., Intra-and Inter-regional Knowledge Spillovers: Evidence from European Regions. *European Planning Studies*, 2005 (13): 449 - 473.

[6] Ibrahim, S. and Fallah, M. H., Drivers of Innovation and Influence of Technological Clusters. *Engineering Management Journal*, 2005 (17): 33 - 41.

[7] Kesidou, E. and Szirmaib, A., Local Knowledge Spillovers, Innovation and Export Performance in Developing Countries: Empirical Evidence from the Uruguay Software Cluster. *The European Journal of Development Research*, 2008 (20): 281 - 298.

[8] Lim, U., Knowledge Spillovers, Agglomeration Economies, and the Geography of Innovative Activity: A Spatial Econometric Analysis [J]. *The Review of Regional Studies*, 2004 (34): 11 - 36.

[9] McCann, P. and Simonen, J., Innovation, Knowledge Spillovers and Local Labour

Markets [J]. *Papers in Regional Science*, 2005 (84): 465 – 485.

[10] Mille, M., The University, Knowledge Spillovers and Local Development: The Experience of a New University [J]. *Higher Education Management and Policy*, 2004 (16): 77 – 100.

[11] Simmie, J., Knowledge Spillovers and Reasons for the Concentration of Innovative SMEs [J]. *Urban Studies*, 2002 (39): 885 – 902.

[12] 蔡伟毅、陈学识:《国际知识溢出与中国技术进步》,《数量经济技术经济研究》2010 年第 6 期,第 57 ~ 71 页。

[13] 陈继勇、盛杨怿:《外商直接投资的知识溢出与中国区域经济增长》,《经济研究》2008 年第 12 期,第 39 ~ 49 页。

[14] 刘和东:《产业集群中的知识溢出及其效应研究》,《科技管理研究》2010 年第 8 期,第 175 ~ 180 页。

[15] 卢福财、胡平波:《基于竞争与合作关系的网络组织成员间知识溢出效应分析》,《中国工业经济》2007 年第 9 期,第 79 ~ 86 页。

[16] 蒋伏心、高丽娜:《区际知识溢出不对称、产业区位与内生经济增长》,《财贸经济》2012 年第 7 期,第 118 ~ 125 页。

[17] 孙文松、唐齐鸣、董汝婷:《知识溢出对中国本土高新技术企业创新绩效的影响——基于国际创新型人才流动的视角》,《技术经济》2012 年第 12 期,第 7 ~ 12 页。

[18] 陶锋、李诗田:《全球价值链代工过程中的产品开发知识溢出和学习效应——基于东莞电子信息制造业的实证研究》,《管理世界》2008 年第 1 期,第 115 ~ 122 页。

[19] 王志鹏、李子奈:《外商直接投资、外溢效应与内生经济增长》,《世界经济文汇》2004 年第 3 期,第 22 ~ 33。

[20] 吴波:《FDI 知识溢出与本土集群企业成长——基于嘉善木业产业集群的实证研究》,《管理世界》2008 年第 10 期,第 87 ~ 95 页。

[21] 邬滋:《集聚结构、知识溢出与区域创新绩效——基于空间计量的分析》,《山西财经大学学报》2010 年第 32 期,第 15 ~ 22 页。

[22] 肖文、林高榜:《海外研发资本对中国技术进步的知识溢出》,《世界经济》2011 年第 1 期,第 37 ~ 51 页。

[23] 徐盈之、朱依曦、孙剑:《知识溢出与区域经济增长:基于空间计量模型的实证研究》,《科研管理》2010 年第 31 期,第 105 ~ 112 页。

[24] 杨蕙馨、刘春玉:《知识溢出效应与企业集聚定位决策》,《中国工业经济》2005 年第 12 期,第 41 ~ 48 页。

[25] 袁诚、陆挺:《外商直接投资与管理知识溢出效应:来自中国民营企业家的证据》,《经济研究》2005 年第 3 期,第 69 ~ 79 页。

[26] 张玉明、李凯:《基于空间知识溢出的经济增长模型》,《东北大学学报》(自然科学版) 2008 年第 2 期,第 297 ~ 300 页。

[27] 赵勇、白永秀：《知识溢出：一个文献综述》，《经济研究》2009 年第 1 期，第 144～156 页。

The Empirical Research on the Impact of Hong Kong's Knowledge Spillover on the Inland's Innovation Capability

—A Case of Guangdong Province

Abstract: The increase of China inland's economic, technological and innovation level can't be separated from the Hong Kong's knowledge spillover since the reform and opening up. Taking the Guangdong Province as a case, the paper used the economic and social data of Guangdong Province and Hong Kong from 1990 to 2010 and built a knowledge production function model from the aspect of knowledge spillover, then empirically analyzed on the impact of Hong Kong's knowledge spillover on Guangdong Province's innovation capability. The results show that the stock of knowledge and R&D capital is the main influencing factors to the regional innovation capability. Hong Kong's direct investment has a slight negative effect on the Guangdong Province's innovation capability, whereas the impact of exchange between Guangdong Province and Hong Kong is positive. Meanwhile, the effect of Hong Kong's knowledge spillover is related to the human capital and information fluency in Guangdong Province, and the increase of market competition degree will expand the negative effect of the knowledge spillover that from Hong Kong's direct investment. At last, the paper proposes some policy recommendations about how to enhance the inland's whole innovation level based on the empirical research.

Keywords: Knowledge Spillover; Knowledge Production Function; Regional Innovation Capability; Influencing Factors; Hong Kong

澳门博彩业近年发展及研究综述

刘　爽[*]

摘　要： 博彩业是澳门的支柱产业，其持续发展很大程度上关系到澳门特区的经济繁荣与社会稳定。本文从博彩产业研究、博彩机产业研究、问题赌博与负责任博彩、投注者行为研究、博彩业员工与人力资源研究、博彩中介及贵宾厅发展、博彩法律与监管等七个方面，对澳门博彩业近几年的发展与研究情况作了介绍。

关键词： 澳门　博彩业

一　前言

博彩产业是保持澳门经济繁荣和社会稳定的支柱产业。2013 年，澳门博彩业毛收入创下 3618.66 亿澳门元（约合 452 亿美元）的历史新高；政府财政收入中有 81.5% 来自博彩直接税[①]；而人均 GDP 则达到 9.14 万美元，

* 刘爽，澳门理工学院、博彩教学暨研究中心。

① 澳门财政局 - 公共财政资料 - 中央账目（2009 ~ 2013 年），http://www.dsf.gov.mo/finance/public_ finance_ info.aspx? FormType = 1&#changeInfo。

跃居世界第四位。2013 年第四季度，澳门博彩业雇员有 8.66 万人，占澳门 37 万总就业人口的 23.38%。再加上酒店、餐饮、零售、会展等相关产业，澳门有约一半的工作岗位是由博彩业、旅游业所提供。受益于此，澳门的失业率一直维持在较低水平，当季仅为 1.8%。

由于在相当长一段时间内，澳门经济仍然会以博彩业为主要依托，因此博彩业的未来前景和发展方向，与其他产业的共生关系，对居民生活环境造成的影响等，始终是澳门社会关注的焦点。与此同时，博彩所引发的社会问题也日益凸显。近几年，澳门博彩犯罪的案件数量每年都有不同程度的上升，博彩对赌客及从业人员身心健康的影响也不容忽视。为降低博彩对社会的负面影响，澳门政府自 2009 年起开展“负责任博彩”推广活动，不断修订和完善法律，将准许进入娱乐场的最低年龄由 18 岁提高到 21 岁，在赌场设立禁烟区，并将进一步推行中场①全面禁烟。

本文从博彩产业研究、博彩机产业研究、投注者行为研究、问题赌博与负责任博彩、博彩业员工与人力资源研究、博彩中介与贵宾厅发展、博彩法律与监管等七个方面，对澳门近几年的博彩产业发展及研究情况进行了介绍。

二 博彩产业研究

博彩与旅游业之间的关系一直密不可分。博彩能够为所在地的旅游业吸引客源，创造更多的经济效益，建造景观，甚至博彩本身亦可成为唯一的旅游元素（王五一，2014）。来访澳门的赌客群体以男性居多，年龄多在 28 ~ 37 岁之间，大多成家有小孩。约半数受访者来自中国内地，多为广东地区，另外一半则来自香港和其他地区（Wan，2011）。调查发现，博彩的吸引力在不同游客群体之间存在显著差异。客源地对澳门开放得越久（如香港），旅客对博彩的兴趣越低；旅客的年纪越轻或教育水平越高，博彩倾向就越低

① 中场（Mass Market），通常与贵宾厅（VIP Rooms）相对应。虽然官方对此尚无明确定义，但一般理解是指单笔投注金额不超过一定限度，而人数上涵盖赌客大部分的客户群体。

（曾忠禄、刘爽，2011；曾忠禄，2012a）。面对澳门从“赌城”到世界旅游休闲中心的转型，曾忠禄（2012b）提出应加强非博彩旅游元素，发展休闲购物与餐饮服务，并加强旅游与会展元素的结合，比如可以以澳门历史为基础，开发本地资源、增加酒店客房和娱乐项目、进行海岸开发、发展自然风光旅游及医疗旅游等（Thompson，2013）。由于澳门地域、人力资源有限，开展珠澳跨界合作可能是一个加速转型的途径（孙威、苏武江，2012）。对内地报道的文本分析亦发现，尽管“赌城”仍是澳门留给内地的第一印象，但内地居民对澳门的了解正在逐步加深，博彩业在其心目中的形象亦开始慢慢转变（刘爽，2013）。

博彩经济学涉及博彩业的产业定性、博彩价格、博彩市场以及博彩体制等很多问题（王五一，2014）。博彩业的高速发展尽管为澳门带来巨大的经济利益，但在发展过程中亦呈现土地资源瓶颈、资本投向扭曲、产业结构单一、对其他产业挤出效应明显、客源结构单一、人力资源短缺且素质不足、监管体制落后以及对贵宾厅业务监管不力等问题（王五一，2011、2012；吕开颜，2012）。考虑到澳门严重依赖博彩业的现状，顾良智（2012）提出“国家调整自由行政策”“突发性经济衰退”“博彩行业过分扩张带来恶性竞争”“赌客来源单一化”等指标用于澳门博彩业的风险监测与预警。而周边地区开赌、洗黑钱事件猖獗亦会为澳门博彩业带来负面影响（吕开颜、张伟玑，2012）。对此，顾良智（2012）亦建议大力发展非博彩元素，推行珠澳通关便利，做到监管制度公平、公正、公开，关注人才短缺与素质下降问题。与此同时，亦须留意内地经济政策的变化对澳门博彩业未来发展所带来的影响（张红峰，2013）。

无可否认，博彩业为澳门带来了各种社会问题，例如就业结构严重失衡、外劳问题引发冲突、对青少年教育的冲击、社区赌博化的问题、病态赌博问题，以及居民生活环境的变化包括交通拥堵、物价上涨、生活成本增加等（林双凤，2012）。想减轻或消除博彩业引发的诸多负面社会效应，需要政府积极推动，博企积极响应与社会的广泛参与。对于博企应承担怎样的社会责任，王玉华（2011）提出可从经济、法律、伦理和慈善四个方面进行考量。而面对博彩这一垄断行业所带来的巨大经济收益，社会各界对博企履行社会责任的期望普遍高于一般企业（黄统，2013）。

对于澳门博彩业的未来，杨燊荣等（2013）从政府财政支出和博企经营成本的角度，估算出不同状态下博彩业的最低毛收入要求。曾忠禄（2013a、2013b）运用“适应性”① 理论对该产业的增长趋势进行了分析。他认为，推动博彩收入增长的因素有：游客群体由香港向内地变化，并由广东省逐渐扩展到内陆其他省份；内地旅客可支配收入持续增长。而年青一代和高学历人群对博彩的兴趣较低，长期接触赌场之后对博彩的兴趣减少等“适应性”因素的影响，则会抑制博彩业的发展。因此短期内澳门博彩业仍将高速发展，而中长期来看到底哪种力量将占据主导地位还不确定。

三　博彩机②产业研究

赌权刚开放时，澳门仅有博彩机 808 台。到 2012 年底，这一数量已增长到 16688 台，是 2002 年的 20.65 倍。博彩机毛收入则从 2002 年的 2.31 亿澳门元升至 2012 年的 132.44 亿澳门元，涨幅达 56 倍多。2013 年，博彩机数量减少至 13106 台③，但毛收入仍然达到 143.84 亿澳门元，同比增幅 8.6%。博彩机的收入创造能力并未受到数目减少的影响。

尽管数量和收入与十多年前相比都有飞速增长，博彩机在赌博收入中所占的比重一直不高，仅从 2002 年的 0.7% 发展到 2012 年的 4.34%，后又回落至 3.97%。在澳门，博彩机与赌桌数量的比例也很低，为 2∶1 至 3∶1。而在美国这一比例是 18∶1 到 40∶1 之间（曾忠禄，2010）。这主要是澳门赌客的主要群体——内地游客——对博彩机的兴趣较低，而博彩机赔率偏低，

---

① “适应性”是生物学术语，指各物种为适应环境的变化而调整自己行为的特征。在博彩产业，适应性指赌客对博彩游戏的兴趣随着时间的推移而下降的现象（曾忠禄，2013a）。

② 博彩机俗称角子机、老虎机。

③ 澳门博彩监察协调局 - 资料 - 每季博彩统计资料 - 幸运博彩承批公司之赌桌及角子机数目，http：//www.dicj.gov.mo/web/cn/information/DadosEstat/2014/content.html#n4。

不吸引人所造成的（何伟添，2013；曾忠禄、张冬梅，2011）。

鉴于未来几年澳门路氹地区将有多家新赌场建成开业，平均每年新增的博彩机加上每年淘汰更新的机器，预计 2014 ~ 2017 年的四年间，澳门每年约需新增博彩机 5700 台。再考虑到如果未来游客对此类游戏的偏好增强，则博彩机的数量与收入都将有更大增长（何伟添，2013）。Kale 等（2013）预测，到 2020 年，澳门博彩机收入将增长 4 倍，达到 500.6 亿澳门元，有望占到博彩总收入的 5% ~6%。他指出，尽管澳门的博彩收入受到中国内地的经济状况、澳门特区政府允许的赌桌和博彩机数量、新增娱乐场数量、对内地居民的旅游限制等多方因素的影响，但中国中产阶级的崛起将对未来老虎机的发展起到重大推动作用。

值得注意的是，由于博彩机赌客成为问题赌徒的时间短、占问题赌客的比例大，又特别受问题赌客欢迎，博彩机被普遍认为具有较高的"致瘾性"（王长斌，2013）。2012 年之前，澳门并没有规定针对博彩机的统一技术标准。2012 年 2 月，澳门博彩监察协调局发布了《澳门博彩机技术标准（第一版）》。同年 12 月，澳门特区政府颁布了《博彩机、博彩设备及博彩系统的供应制度及要件》（第 26/2012 号行政法规），确保进入澳门市场的博彩机制造商具备良好的资质和博彩机具有安全可靠的技术标准，以保护消费者和经营者双方各自的利益。然而从负责任博彩的角度，该法规只对独立经营的博彩机室的地理位置进行了规定，却未涉及与博彩机本身特性相关的任何其他负责任博彩措施（王长斌，2013）。最近几年开始兴起的直播混合游戏①，由于兼具赌桌和博彩机的双重特点，在未突破澳门特区政府对赌桌数量限制的前提下，一桌多机是否会导致更严重的问题赌博，也仍有待进一步的研究。

四　投注者行为研究

投注者对于赌博存在各种认知偏差，比如认为自己拥有特别的技巧或运

---

① 直播混合游戏是介于赌桌和博彩机之间的一种博彩形式，通常是一台赌桌由真人派牌，赌客投注的位置则设置类似博彩机的电脑自动投注系统。

气，只要坚持去赌总会赢钱（刘爽，2012）。Zhou等（2012）对306名18~65岁澳门居民的调查发现，相信运气还是技术对于受访者的赌博频率有着不同程度的影响。比如，在足球彩票、中式彩票和百家乐游戏中，相信运气者的博彩频率更高；在角子机和梭哈扑克游戏中，相信技术者的赌博频率更高；对于其他游戏则无显著区别。这说明，人们的博彩行为无法完全用某个特定的原因来解释，具体哪种因素居主导地位很大程度上因游戏类型而定。与内地居民相比，澳门居民对博彩的认识更客观，情感体验更消极，行为参与意愿也更低（翟群等，2013）。

赌客的参赌意愿是预防问题赌博的一个重要因素。孙悦等（2010）调查了373名澳门被试对13种博彩游戏的参赌意愿。结果显示，对于二十一点、赌大小、麻将、百家乐等对弈程度较强的游戏，人们的参赌意愿较强；而对于赛马、赛狗、中式彩票、轮盘等低对弈性的赌博类别，则相反。Wu和Tang（2012）研究了932名港澳地区中国大学生的参赌意愿与问题赌博之间的心理联系，确认参赌意愿和赌博中的感觉控制是预测问题赌博的最重要因素，而参赌意愿则受到赌客的态度、主观规范、感觉控制等理论因素的影响。Wong等（2012）对休闲赌客和资深赌客对赌场的服务环境、服务供应、博彩服务及餐饮服务四个维度的认知情况进行了考察，发现资深赌客可感受到更高质量的赌场服务，对赌场的整体满意程度也较休闲赌客为高。

澳门和美国的赌客对博彩游戏的偏好是不同的。美国博彩业协会（American Gaming Association，2013）的调查发现，有53%的受访者最喜欢角子机游戏。这主要是因为美国客人在赌场追求的是轻松和娱乐；他们相信角子机游戏的公正性，亦享受游戏设计上的简单易玩；角子机投注金额低，又有各种不同的机器可以选择；他们也乐衷于比较各家赌场的角子机赔率。相比之下，赌桌游戏百家乐最受澳门赌客欢迎，每年有90%以上的博彩收入是由百家乐贡献的。这是因为，中国赌客到赌场的目的是投巨资、赚大钱；享受翻牌过程所带来的刺激与快感；具有澳门特色的中介人服务模式使客人在享受人性化的“贴身”服务的同时，最大限度地保护了客户隐私（王世伟，2013）。

五　问题赌博与负责任博彩

问题赌博是指赌客在赌博上投入的时间和/或金钱超出了个人所能承担的限度，导致其个人财务、工作和生活受到影响。有这类问题的赌客称为问题赌客，而情况严重者则被称为病态赌徒（黄贵海，2011）。

澳门大学针对澳门居民参赌情况的调查显示，澳门 15 ~ 64 岁人口的问题/病态赌博流行率从 2003 年的 4.28% 上升到 6.01%，2013 年又回落至 3.7%；居民博彩参与率则由 2003 年的 67.9% 逐步下降到 2013 年的 49.5%（冯家超、吴美宝，2003、2010；冯家超、蓝志雄、吴美宝，2008；澳门大学博彩研究所，2014）。按照赌博行为中的"适应性"理论，在博彩业刚刚开放或有大量新赌场开业时，人们会因为新奇而出现较高的赌博参与率和病态赌博流行率。随着接触的增加，人们逐渐认识到从长期来看博彩是无法赢钱的，赌博参与率和病态赌博流行率则随之下降（曾忠禄，2013a）。黄贵海（2012）通过调查发现，问题/病态赌徒所感知到的家庭支持较少，心理健康状况处于存在心理问题和疑似心理障碍阶段，而赌博失调与吸烟、饮酒等成瘾行为存在共生性。

对细分群体的调查显示，有 2.8% 和 2.1% 的女性受访者可能成为问题赌徒和病态赌徒。女性参赌主要出于社交需要和缓解烦闷的目的，在家中不受重视者和心理较不健康者的赌博动机较强。调查还发现，病态/问题赌徒主动求助的意愿极低（67% 完全没打算使用赌博辅导服务）；而家中受重视程度低和薪金低的可能病态/问题赌徒，会有较为明显的求助倾向（澳门大学研究学会，2013）。博彩从业员是问题赌博最严重的一类就业群体。由于工作需要经常接触赌博，博彩业薪资优厚、轮班工作、休闲娱乐选择少，博彩就成为很多从业员重要的业余活动。调查显示，有近六成受访者在过去一年里曾参与赌博，而约 4% 的受访者严重隐瞒其博彩行为。隐瞒赌博行为与受访者每月的赌博消费金额、成为病态赌徒的机会均呈正相关关系（澳门幸运博彩职业总工会、博彩企业员工协会，2014）。

一般认为，负责任博彩是指在允许博彩业存在的前提下，尽量减轻博彩活动（主要是博彩活动所引发的问题赌博）所带来的危害。在一个理想的、负责任的博彩行业中，赌客应对自身博彩行为及后果负责；博彩业经营者及相关服务供应商应对其利益相关者负责，对赌客及其周围人群传递准确、恰当的博彩信息；政府则负有监管和执法的责任（刘爽，2012）。郝志东（2011）强调，从企业社会责任的角度看，负责任博彩应处理博彩企业与股东、雇员、顾客（赌客）、供应商、竞争对手、政府、公民社会或社区七个方面的关系。

2005 年，特区行政长官施政报告首次提出要正视病态赌博现象，设立“志毅轩”向所有问题及病态赌徒提供免费治疗。自 2009 年起，澳门博彩监察协调局、澳门社会工作局与澳门大学每年定期举办“负责任博彩推广周”活动，向市民及游客宣传负责任博彩知识和问题赌博防治资讯。到 2012 年，澳门居民对“负责任博彩”的认知由 23.7% 提升至 58.2%①。刘爽（2012）通过分析投注者心理与赌客在赌博活动中的认知与行为偏差，研究了博彩信息传播对赌客（包括潜在赌客）行为的影响。对于未来澳门负责任博彩的发展方向，Huang（2011）认为，应增强负责任博彩政策包括宣传教育、治疗、研究及防治政策专案评估等各方面的系统性、科学性及透明度，深入研究问题赌博成因，联合政府、博彩经营者、研究机构及非营利组织等多方面力量，建立统一、完善的负责任博彩防治体系。

六　博彩业员工与人力资源研究

截至 2013 年底，澳门博彩业员工共有 8.66 万人，占澳门总就业人口的 23.38%。这一群体的身心健康、生活状态、人员素质等无不从各个方面影响着澳门博彩业的状态。

---

① 澳门博彩监察协调局网页，http://www.dicj.gov.mo/web/cn/responsible/responsible01/content.html。

澳门赌场全年无休，前线员工均需轮班工作。荷官作为赌场运营的核心职位，尽管薪酬、福利高于其他行业，但工作强度高，内容重复、沉闷，工作压力大。调查发现，博彩业员工的身心健康水平普遍偏低。其中中年从业者的负面情绪最强，离婚或分居的从业者身心健康状况最差，自杀倾向高（澳门工会联合会，2013）。又由于博彩业轮班的特性，从业者在家庭、社交、兴趣爱好等方面均受到轮班时间的限制，部分从业者习惯以赌博作为解压和开展社交的途径，成为问题和病态赌徒的比例也高于一般公众（澳门幸运博彩职业总工会、博彩企业员工协会，2014）。

尽管赌收增长带动了澳门整体经济的发展，劳动力报酬和人均 GDP 均有不同程度的提高，但亦带来楼价、物价飞涨，居民生活成本增加，居住环境亦受到影响。有研究发现，博企从业者对晋升机会、轮班工作、工作环境、收入水平和住房状况最不满意，幸福感偏低。超过四成的受访者因各种原因没有进修，对事业发展的前景也不乐观（顾向恩，2012）。从工作满意度角度，六大赌场员工的打分均处于“一般”水平。例如，对公司薪酬、员工授权的满意度处于一般偏下水平，对工作环境的满意度一般，而对人际关系包括与同事和上级关系的满意度则最接近满意水平（曾忠禄，2014）。

人员素质方面，Kale 和 De（2013）指出公司所形成的服务文化与氛围、进行品牌建设并博得雇员信任、提供员工需要的薪酬福利、管理层的支持与员工培训，是澳门博企吸引员工、保持雇员忠诚度的几种有效方式。然而，博彩业的迅速发展使得澳门人力资源紧缺的问题日益凸显。2014 年第一季度末，在澳门就业的外地劳工已达 14.57 万人。到 2017 年，路氹地区将有多家大型酒店和度假村陆续开业，单靠本地居民势必无法满足劳动力需求。由于政府规定庄荷及监场主任职位只能由澳门人担任，庄荷人手不足的问题主要靠博企降低聘用标准来解决。这使得澳门博企的荷官年龄比赌权开放前有明显上升，而最低学历则下降到小学水平。对此，有学者提出在保障本地劳动力优先就业的原则下，公开、公正、透明地输入外劳并予以有效监管；或适量引入香港居民补充荷官缺口，保留初级管理职位予澳门荷官晋升，同时加强对博彩教育培训的投入（吕开颜，

2012；吕开颜、张伟玑，2012）。考虑到科技进步带来对劳动人口需求的减少，各大厂商不断推出各种电子赌博游戏，成为解决荷官人手不足问题的一个有效途径（萧锦雄，2012）。

对澳门博彩业员工服务素质的调查发现，直接面对顾客的赌枱、账房、穿梭巴士、客服、餐饮及保安等不同岗位当中，客服和保安员工的表现远高于其他员工（澳门博彩研究学会，2012）。由于官方培训不足，澳门赌场的一线员工大多通过自身主导的非正式学习来提高自己的客户关系处理技巧与客户服务水平（萧锦雄，2012），内部单一的员工激励方式也是博彩行业服务质量不佳的原因之一。各博企为请到足够数量的荷官一味提高薪酬，一方面会造成员工流动率剧增，对企业忠诚度下降；另一方面激励形式过于单一，对中高层管理者也起不到应有的激励作用（黄兆斌，2012a）。对此，黄兆斌（2012b）建议博企将物质奖励与精神激励结合起来，满足员工在经济、情感及精神各方面的不同需求；在绩效考核时尽量强化以鼓励、奖励为主的正面激励，弱化以惩罚为主的负面激励；同时针对不同职级、素质的员工施以不同的激励制度，对核心员工职则给予重点激励。

七　博彩中介与贵宾厅发展

贵宾厅业务是澳门博彩业的特色之一，在 20 世纪 80 年代中期的澳娱专营时期即已形成。赌权开放十余年来，贵宾百家乐每年为澳门赌收的贡献在 70% 左右。尽管贵宾厅（主要是贵宾百家乐）的赢钱概率（3%）远低于中场的赢钱概率（25%），但由于贵宾客投注额高，所以收入总额仍然远超中场。经过激烈竞争，澳门的博彩企业最终达成一致，赌场付给贵宾厅和博彩中介人的佣金（俗称“码佣”）不得超过顾客投注额（俗称“泥码”，一种只能投注不能兑换的筹码，用于赌场记录贵宾厅交易额）的 1.25%（吕开颜、张伟玑，2012a、2012b）。随着自由行政策后内地旅客逐渐成为入境主体，澳门的贵宾厅业务也开始以内地客为主要目标，资金营运模式改为澳门放款内地收款，博彩中介人也获许由外地人（主要是内地人）担任，内地马仔成为博彩中介人的主要力量（Siu Lam，2013）。但是，这种严重依赖内地豪赌客的经营模式也使得贵宾厅收入受到内地宏观经济走势和信贷政策等因素的影响。当内地经济增长放缓、信贷政策收紧时，澳门贵宾百家乐占幸运博彩毛收入的比例也由 2011 年的 73% 降到 2012 年的 69% 和 2013 年的 66%。

贵宾厅每日都有巨额资金运转，对经营风险的内部控制是非常重要的。这包括记录博彩中介人在本贵宾厅交易的各类信息，现金交易和记录时必须由当值的两位会计部人士进行，换班交接时则进行不定期抽查，以及进行通话记录和程序控制等（Siu Lam，2012）。在这种经营模式下，赌场不再直接面对赌客，从而把赌客无力偿还赌债的风险转嫁给了贵宾厅和博彩中介人。由于中介人通常对所带来的赌客之财务实力非常熟悉，因此大部分赌债能顺利收回（曹一方，2011；陶然，2013）。

八　博彩法律与监管

澳门博彩范畴内的法律与监管问题大致分为以下三类。

（一）博彩立法、赌牌批给及监管模式的探讨

澳门博彩业立法存在的问题主要包括：①不同效力的各种法律规范具体以何种形式通过在执行上比较随意；②以博彩法律为依托的各种行政性规范和行政命令的数量严重不足，在实施方面缺乏细则性规定；③澳门立法多借鉴欧洲大陆法系之法律规范，常出现与澳门实际情况不符的情况；④娱乐场幸运博彩与其他博彩形式的法律规范常在条文内容上有冲突。因此博彩监管法制建设应着重填补各项法律空白，使监管的内容和方式都有法可依；对不再符合实际的法律法规，应予及时补充、修订或废除（王长斌，2012、2013）。

由政府批给的博彩经营权（俗称“赌牌”）有时间限制、数量限制但对赌场的数量无限制。它是通过政府与承批公司之间签订承批合同来完成的。

鉴于这种制度存在限制竞争，政府在与博企的博弈中居被动地位，博企可能因赌牌期限的不确定性而减少投入，某些国家的资本过于集中等问题，王长斌（2011）提出澳门特区政府应由博彩经营权的拥有者转型为博彩经营的管理者，放开赌牌和赌场的数量限制，同时取消赌牌的时间限制。

澳门与博彩监管有关的机构包括监管博企日常经营的博彩监察协调局，处理博彩相关刑事案件的司法警察局，以及制定博彩政策与协调的博彩委员会。博彩委员会在实际中未能发挥太大作用，博彩监察局则同时肩负制定博彩政策、审批牌照/赌场、授权使用博彩设备等政策性职能与审查博企经营是否合法、合规的日常职能。王长斌（2012）提出，可将政策性职能从博彩监察局中剥离出来，赋予重组后的博彩委员会；维持司法警察局与博彩监察局之间的分工，但同时加强两者之间的联系与合作。

（二）各类法律问题的探讨与制度建设

在澳门，各种博彩形式都有独立的法律、法规与批示。王长斌（2011）指出，澳门的赛马博彩法律制度基本成功，但也存在不少问题。比如《赛马暨互相博彩规章》（第 163/90/M 号讯令）中存在多个条款互相矛盾或不合理的情况；部分条款从葡文原文翻译过来时就措辞不准确，以致影响对法律的理解；部分内容明显保护专营机构的利益，而过分损害投注者利益。澳门篮球、足球的博彩规章则多使用行政命令、行政长官批示等较低层次的法律形式来颁布，对违法行为不具备行政或刑事处罚权，法律效力较低（王长斌，2012）。王长斌建议，未成年人的彩金所得应收归澳门政府做医疗、慈善之用；应要求博彩公司设立特别储备金，以应对突发事件，保护投注者利益；应在立法会层面设立“体育博彩经营法律制度”。

澳门《娱乐场所博彩或投注信贷法律制度》（第 5/2004 号法律）规定，在娱乐场内发生，并与博彩经营公司订立合同的博彩借贷，才被视为法定赌债。如果博彩中介人以自己名义提供借贷，但未与博彩公司签订合同，则这种赌债属于非法借贷，无法通过官方途径进行追讨。王长斌（2011）指出，符合澳门法律规定要件的合法赌债，在港、澳、台三地均可追讨。而由于中国内地不允许赌博，内地法院不承认在域外（包括澳门）发生的任何赌债。因此，在内地法院追讨澳门赌债的诉求普遍不获法律支持。

澳门在对赌客和博企员工的保护方面，近来有两个措施。一是颁布《预防及控制吸烟制度》（第5/2011号法律）及《关于娱乐场吸烟区应遵要求的规范》（第296/2012号行政长官批示），要求自2012年10月30日起，吸烟区不得超过赌场公众区域（不包括赌场内的餐厅及非公众区域）总面积的50%。自2014年10月6日起，中场区域（区别于贵宾厅）将实行全面禁烟，赌场可设吸烟室供有需要的顾客使用。二是根据立法会颁布的《规范进入娱乐场和在场内工作及博彩的条件》（第10/2012号法律），自2012年11月1日起，进入赌场的最低年龄由以往的18岁提高到21岁，以免青少年过早接触博彩。

（三）与赌博有关的犯罪问题

与赌博有关的犯罪行为有很多，如非法借贷、有组织犯罪、洗黑钱，以及因赌博或在赌场工作而引发的偷窃、抢劫、诈骗、暴力冲突等。随着赌博收入和游客数量的增长，澳门与赌博有关的罪案数量也逐年上升。2013年，澳门司法警察局共接获涉及博彩罪案2599宗，较2012年上升25%。对此，到2016年新赌场落成之时，司法警察局将新增100名警员用于处理赌场犯罪。

参考文献

[1] American Gaming Association. 2013 State of the States: The AGA Survey of Casino Entertainment, 2013.

[2] G. Huang. Responsible Gambling Policies and Practices in Macao A Critical Review. *Asian Journal of Gambling Issues and Public Health*, 2011, 2 (1): 49–60.

[3] S. H. Kale. Assessing the Slot Machine Market in Macau: Current Contributions and Future Projections, *Journal of Gaming, Tourism & Leisure Research*, 2013, (1): 78–84.

[4] S. H. Kale and S. De. A Diagnosis of Inherent Problems in Enhancing Service Quality through Internal Marketing and Organizational Identification in Macau and Singapore Casinos. UNLV Gaming Research & Review Journal, 2013, 17 (1): 31 – 42.

[5] C. Siu Lam. Changes in the Junket Business in Macao after Gaming Liberalization. International Gambling Studies, 2013, (3): 319 – 337.

[6] W. N. Thompson. A Tale of Three Cities: Seeking to Direct Macau toward Effective Tourism. Journal of Gaming, Tourism & Leisure Research, 2013, (1): 120 – 136.

[7] Y. K. Wan. Increasing Chinese Tourist Gamblers in Macao: Crucial Player Characteristics to Identify and Exploit. UNLV Gaming Research & Review Journal, 2011, 15 (1): 51 – 69.

[8] I. Wong, H. I. Fong and T. Liu. Understanding perceived casino service difference among casino players. International Journal of Contemporary Hospitality Management, 2012, 24 (5): 753 – 773.

[9] M. S. Wu and S. Tang. Problem Gambling of Chinese College Students: Application of the Theory of Planned Behavior. Journal of Gambling Studies, 2012, 28 (2): 315 – 324.

[10] K. Zhou, H. Tang, Y. Sun, G. Huang, L. Rao, Z. Liang, and S. Li. Belief in Luck or in Skill: Which Locks People into Gambling? . Journal of Gambling Studies, 2012, 28 (3): 379 – 391.

[11] 澳门博彩研究学会:《博彩业服务指数调查》, 2013。

[12] 澳门大学博彩研究所:《“澳门居民参与博彩活动调查 2013”研究报告》, 2014。

[13] 澳门大学社会科学院:《“女性参与博彩活动及心理健康状况”调查研究报告》, 2013。

[14] 澳门工会联合会北区综合服务中心:《澳门博彩从业员自我效能感与身心健康关系研究》, 2013。

[15] 澳门幸运博彩职业总工会、博彩企业员工协会:《博彩从业员隐性赌博问题研究》, 2014。

[16] 曹一方:《探秘澳门博彩代理》,《新晋商》2011 年第 7 期, 第 106 ~ 111 页。

[17] 冯家超、吴美宝:《“澳门居民参与博彩活动调查 2003”研究报告》, 2003。

[18] 冯家超、吴美宝:《“澳门居民参与博彩活动调查 2010”研究报告》, 2010。

[19] 冯家超、蓝志雄、吴美宝:《“澳门居民参与博彩活动调查 2007”研究报告》, 2008。

[20] 顾良智:《澳门博彩业风险及危机研究》, 2012, 第 1 ~ 67 页。

[21] 顾向恩:《澳门博彩从业员生活状况研究》, 2012, 第 1 ~ 12 页。

[22] 郝志东:《论澳门博彩企业的社会责任》,《澳门研究》2011 年第 60 期, 第 114 ~ 130 页。

[23] 何伟添:《澳门博彩机市场: 现状与趋势》,《博彩与旅游休闲研究》2013 年第 1

期，第 67 ~ 77 页。

[24] 黄贵海：《休闲赌客、问题赌客与职业赌客》，《澳门新视角》2011 年第 8 期，第 21 ~ 26 页。

[25] 黄贵海：《美国问题赌博防治现状及对澳门的借鉴意义》，《澳门理工学报》2011 年第 42 期，第 11 ~ 22 页。

[26] 黄贵海：《个人博彩行为与家庭关系研究报告》，2012。

[27] 黄统：《构建澳门博彩业的“独特”社会责任》，《时代金融》2013 年第 534 期，第 322 ~ 324 页。

[28] 黄兆斌：《澳门博彩业激励效果分析》，《才智》2012 年第 6 期，第 351 页。

[29] 黄兆斌：《澳门博彩业人力资源激励的有效实施方法》，《现代营销》2012 年第 3 期，第 122 页。

[30] 李辉、阚兴隆：《资源诅咒视角下的澳门社会经济发展探析》，《云南地理环境研究》2013 年第 2 期，第 35 ~ 39 页。

[31] 林双凤：《澳门博彩业发展的社会问题分析》，《广东社会科学》2012 年第 2 期，第 213 ~ 220 页。

[32] 刘爽：《基于投注者行为的博彩信息传播规范》，《澳门理工学报》2012 年第 48 期，第 96 页。

[33] 刘爽：《澳门博彩产业在内地的形象变迁研究》，《博彩与旅游休闲研究》2013 年第 1 期，第 23 ~ 38 页。

[34] 吕开颜：《博彩业对社会五大扭曲效应（上、下）》，《澳门日报》2012 年 1 月 15 日、1 月 22 日。

[35] 吕开颜、张伟玑：《澳门博彩业潜在风险与对策》，《澳门日报》2012 年 6 月 10 日。

[36] 吕开颜、张伟玑：《重新思考博彩业贵宾厅制度》，《澳门日报》2012 年 4 月 8 日（a）。

[37] 吕开颜、张伟玑：《贵宾厅经营制度下的码佣竞争》，《澳门日报》2012 年 8 月 26 日（b）。

[38] 孙威、苏武江：《对澳门“第二个十年”发展战略的思考》，《经济导刊》2012 年第 2 期，第 10 ~ 11 页。

[39] 陶然：《AERL：赌场贵宾厅的利益链》，《商界》2013 年第 3 期，第 40 ~ 43 页。

[40] 王长斌：《澳门博彩经营权批给制度之反思》，《澳门理工学报》2011 年第 42 期，第 1 ~ 10 页。

[41] 王长斌：《澳门赛马博彩法律制度及其存在的问题》，《澳门研究》2011 年第 63 期，第 103 ~ 113 页。

[42] 王长斌：《澳门体育博彩法律制度及其改进》，《“一国两制”研究》2012 年第 11 期，第 161 ~ 168 页。

[43] 王长斌：《澳门赌债在大中华地区的追偿》，《澳门法学》2011 年第 3 期，第 43 ~ 57 页。

[44] 王长斌：《博彩监管机构的设置：美国经验与澳门实际》，《澳门研究》2012 年第

66期，第18~25页。
[45] 王长斌：《澳门博彩立法存在的问题及其改进》，《广东社会科学》2013年第2期，第109~116页。
[46] 王长斌：《博彩机与负责任博彩》，《博彩与旅游休闲研究》2013年第1期，第108~119页。
[47] 王世伟：《角子机与百家乐的角逐——拉斯维加斯与澳门博彩业的比较》，《博彩与旅游休闲研究》2013年第1期，第96~107页。
[48] 王五一：《"赌权开放"与澳门博彩业发展》，《广东社会科学》2011年第2期，第100~106页。
[49] 王五一：《繁荣与矛盾：澳门赌权开放十周年回望》，《广东社会科学》2012年第4期，108~117页。
[50] 王五一：《博彩业对旅游业的促进作用及其局限》，《国际经贸探索》2013年第29期，第68~78页。
[51] 王玉华、赵平：《澳门博彩企业的社会责任研究》，《全国商情：经济理论研究》2011年第3期，第3~6页。
[52] 萧锦雄：《虚拟经济与澳门荷官》，《澳门日报》2012年6月17日。
[53] 萧锦雄：《澳门赌场一线员工的非正式学习和客户关系技巧——一个实证研究》，《当代港澳研究》2012年总第36期，第113~132页。
[54] 杨燊荣、杨箐、杨家敏：《博彩业规模与澳门经济运行的适度关系分析》，《特区经济》2013年第5期，第24~26页。
[55] 曾忠禄：《全球赌场扫描》，中国经济出版社，2010。
[56] 曾忠禄：《博彩对游客的吸引力》，《博彩》2012年夏季刊，第42~43页。
[57] 曾忠禄：《关于"世界旅游休闲中心"核心要素的探讨》，《澳门研究》2012年第64期，第49~56页。
[58] 曾忠禄：《基于适应性理论的博彩产业增长趋势分析》，《澳门理工学报》2013年第52期，第90~97页。
[59] 曾忠禄：《澳门博彩产业未来发展的情境分析》，《博彩与旅游休闲研究》2013年第1期，第5~22页。
[60] 曾忠禄：《赌场员工工作满意度调查》，《澳门日报》2014年5月18日。
[61] 曾忠禄、张冬梅：《内地游客老虎机博彩行为研究》，《澳门理工学报》2011年第42期，第35~47页。
[62] 曾忠禄、刘爽：《访澳香港旅客：博彩与非博彩旅客比较》，《澳门研究》2011年第63期，第92~102页。
[63] 翟群、何宁、游旭群、袁明煜：《澳门、西安两地居民博彩态度调查研究》，《西安体育学院学报》2013年第1期，第58~61页。
[64] 张红峰：《论内地经济政策的变化及对澳门博彩业的影响》，《澳门理工学报》2013年第51期，第77~83页。

The Development and Research Review of Macao Gaming Industry

Abstract: Gaming industry is the most important industry in Macao. The development of gaming industry has high impacts on the economic growth and social stability of Macao. This paper introduces the development and research reviews of Macao gaming industry in the recent years from the following aspects: research of gaming industry, research of gaming machine industry, problem gambling and responsible gambling, research of gaming behavior, research of gaming employees and human resources, junket business and development of VIP rooms, and gaming law and regulations.

Keywords: Macao Gaming Industry Development Research

佛山市港资企业经营现状及投资环境分析*

黎艳艳　张光南**

摘　要： 本文通过对 2010 年中山大学港澳珠江三角洲研究中心的“广东省港资企业调研”问卷进行统计分析发现，佛山市港资企业主要以制造业为主，地理位置、人力资源因素是港资企业在佛山设厂的重要因素。随着经济发展，劳动力缺乏、土地成本上升及自主创新不足等问题成为限制其进一步发展的主要问题。

关键词： 港资企业　经营现状　投资环境

一　引言

改革开放后，粤港两地的接触与合作不断加深。港资是广东省外资的主

* 本研究成果获得教育部区域与国别研究基地中山大学港澳台研究中心以及港澳与内地合作发展协同创新中心课题、教育部人文社会科学重点研究基地中山大学港澳珠江三角洲研究中心基地自设项目和中央高校基本科研业务费专项资金资助。

** 黎艳艳，中山大学港澳珠江三角洲研究中心；张光南，教育部人文社会科学重点研究基地、中山大学港澳珠江三角洲研究中心。

要来源，是经济发展的重要推力。香港是中国内地最重要的投资来源地，由于香港与广东地理相连、人缘相亲、语言文化相通、交通运输便捷，广东成为港商投资最集中的区域（陈恩，2012）。随着中国内地的进一步开放，粤港之间的合作关系发生了巨大变化。近年来，随着土地资源以及劳动力资源的减少和成本上升，港资企业的比较优势发生了变化。因此，在粤港双方的合作关系发生变化的同时，基于广东港资企业的发展现状以及投资环境的调查和研究，对找寻港资企业未来的发展路径，探讨未来粤港合作模式有着紧迫且深远的意义。

佛山市是广东省的第三大城市，位于珠江三角洲腹地，地处亚太经济发展活跃的东亚及东南亚的交会处，东接广州，南邻港澳。与广州地缘相连、历史相承、文化同源，构成“广佛都市圈”。佛山市作为广东重要的制造业中心，对佛山市的港资企业进行研究对于整个广东省有重要的参考以及指导意义。本文根据该调查问卷的结果，从经营状况、投资环境、社会责任等多个角度分析佛山市港资企业的现状，试图从中寻找解释港资企业发展中问题的答案，使港资企业得到更好的发展。

二　港资企业基本状况

（一）港资企业投资以制造业为主

佛山市港资企业主要从事第二产业，其中以制造业企业数量最多，而第一产业企业数量很少。

从行业分布来看，第一产业 2 家（占 2%），第二产业 102 家（占 89%），第三产业 10 家（占 9%）。具体来说，在第一产业中，农林牧渔业 2 家，占 1%；在第二产业中，制造业 100 家，占 88%；在第三产业中，交通运输、仓储和邮政业 1 家，批发和零售业 3 家，住宿和餐饮业 1 家，房地产业、租赁和商务服务业 6 家，教育、科学研究、技术服务、文化、体育和娱乐业 1 家，总共占 11%。另外，样本企业中，95% 为非上市公司。

（二）港资企业数目有所增加，规模不大

如图 1 所示，从注册时间来看，样本企业的注册时间分布在 1968 ~ 2010 年间。其中 1993 年、2004 年与 2007 年受到市场化改革以及加入世贸组织等因素的影响，市场较为活跃，是企业注册高峰期，而 2008 年受金融危机影响，企业注册数量下降。

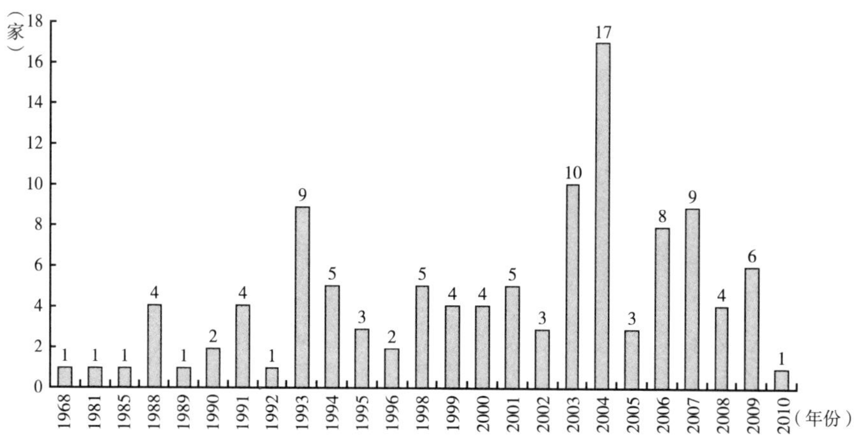

图 1　佛山市港资企业注册数量变化统计

从企业的注册地来看，27% 的企业注册地在香港，73% 的企业注册地在佛山。

从企业注册资本最大来源地看，68% 的企业注册资本最大来源地是香港，31% 的企业注册资本最大来源地是其他地区，其中绝大多数为内地资本，仅有 1% 来源于澳门。

从企业的注册资本金来看，样本企业的最小注册资本为 5 万元人民币，最大超过 10 亿元人民币。

从注册资本的筹集渠道来看，自有资本占 8%，银行贷款占 1%，其他渠道占 91%。当前，中小企业信贷获得困难，民间融资成为最主要的融资渠道。这一方面归因于旧体制下遗留的信贷供给所有制歧视；另一方面由于

中小企业资质普遍不高，难以满足贷款抵押与担保条件。

从港商股本占公司注册资本的比例来看，港资企业的港商股本占公司注册资本平均比例为 82%。其中 63% 的企业港商股本占公司注册资本的比例为 100%。

从企业经营方式来看，67% 的企业是独资经营，31% 的企业是合资经营，2% 的企业是合作经营。港资企业独资化倾向明显，但随着香港与内地经贸交流的加深，政策、体制逐步成熟，香港和内地企业合资经营逐渐成为重要的合作方式。

从企业是否追加投资额来看，56% 曾经追加过投资，43% 的企业没有追加过投资，说明超过一半的企业实现了规模扩张。

（三）港资企业以中小企业为主，自主创新能力弱

受创办时间以及产业特点影响，佛山市港资企业主要以中小型企业为主，并在不断成长。被调查企业中大部分拥有生产基地，集中分布于珠三角地区。但是，受限于企业规模，超过半数企业没有研发机构，仍然从事简单加工制造，自主创新能力比较弱。

从企业的年销售总额来看，样本企业的年均销售额为 5.3 亿元人民币，但 50% 企业属于年销售额小于或等于 3000 万元人民币的小型企业，89% 的企业销售额小于或等于 3 亿元人民币，但年均营业额最大的企业达到 210 亿元人民币。其中年均出口总额 1.1 亿元人民币，年均缴纳税收约 4600 万元人民币，资产总和约 2.6 亿元人民币。

从企业的生产基地来看，样本企业平均有生产基地 1.1 个，最大值达 10 个（见图 2）。主要分布在珠三角地区，广东省内其他地区以及中国内地其他省份分布较少。

从企业的研发机构来看，样本企业平均有 0.5 个研发机构，最大值达 8 个（见图 3），其中 61% 企业没有研发机构。其主要分布在珠三角地区，少数分布在香港以及广东省其他地区。

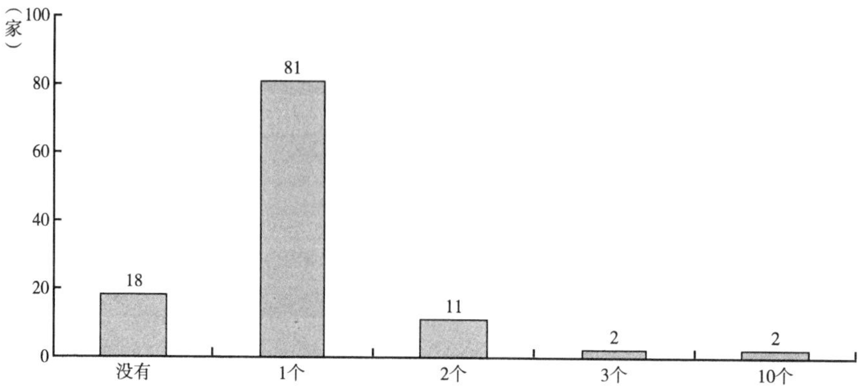

图 2　港资企业生产基地数量

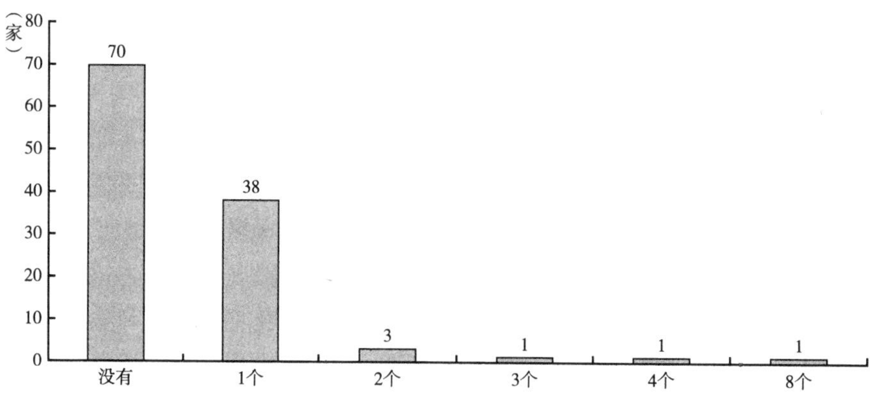

图 3　港资企业研发机构数量

（四）港资企业人力资本水平偏低，培训投入不高

调查结果显示，佛山市的产业结构以加工制造业及低端服务业为主，受到当地产业结构影响，受调查企业的人力资本水平偏低。佛山市港资企业中普通工人占比最大，且受教育水平普遍较低，而受教育程度相对较高的管理人员以及技术人员占比较小。大部分企业较重视为员工提供培训，但培训投入并不高，这与企业员工结构主要以普通工人为主有很大关系。普通工人流动性大，公司为了这些工人投入大量的培训费用是不实际的。

所调查企业的平均雇员人数为 684 人，最大值达到 20000 人。其中，

50%的企业雇员人数少于或等于120人，仅有10%的企业雇员人数多于或等于1000人，企业规模中等偏小为主。从员工户籍状况看，75%的企业没有香港员工，96%的企业香港员工少于或等于10人，香港员工最多的企业也仅有港籍员工40人。

企业管理人员平均人数为60人。管理人员以大专、大学、研究生（含MBA）或以上学历为主的企业占72%，以高中学历为主的企业占24%，以初中学历为主的企业占2%，其他占2%。企业技术人员平均人数为93人。技术人员以大专、大学、研究生及以上学历为主的企业占45%，以高中学历为主的企业占33%，以小学或初中学历为主的企业占6%，其他占15%。企业普通工人平均人数为451人。普通工人以大专、大学学历为主的企业占8%，以高中学历为主的企业占31%，以初中学历为主的企业占51%，以小学及以下学历为主的占3%，其他占8%。

在员工培训方面，76%的被调查企业为员工提供培训，24%的被调查企业不为员工提供培训。在为员工提供培训的企业中，年平均培训费用为8.3万元，21%的企业年培训费用投入大于或等于10万元。

（五）港资企业普通工人缺工严重，管理层主要来源于人才市场

从企业的缺工情况来看，超过半数的企业存在缺工问题，但缺工主要体现在普通员工与技术员工等低端劳动力上，管理人员缺工情况并不严重，这导致了“用工荒”和“就业难”现象的共存。其根源可能是企业转型缓慢，市场调节滞后，导致劳动力供需失衡。另外，受访企业倾向于从人才交流市场招聘高层管理人员，这些人员多数在别的企业工作过，拥有较丰富的管理经验，可以降低培训成本。

从过去一年的缺工情况来看，60%的企业存在缺工问题。在缺工企业中，平均缺工89人。其中，管理人员平均缺工4人，且仅有19%的企业缺管理人员；技术人员平均缺工14人，34%的企业缺少技术人员，15%的企业缺乏技术人员达10人以上。

从企业高层管理人员主要来源看，69%企业的高层管理人员来源于人才

交流市场，19% 企业的高层管理人员来自业主家族成员，其余依次为：15% 企业来自同学同事推荐，13% 企业来自朋友推荐，10% 的企业来自亲戚推荐，5% 的企业来自老乡推荐，2% 的企业采用其他方式。

从受访者的工作经历来看，60% 企业的受访者有在不同行业的其他企业工作过（其中 62% 企业的受访者在其他企业担任过管理职务，如各类经理、主管等），40% 企业的受访者没有在不同行业的其他企业工作过（但其中 63% 企业的受访者在本行业的其他企业工作过）。

（六）港资企业员工薪金差距较大，加班情况较为普遍

被调查企业的员工薪酬差距比较大，其中管理人员平均薪酬水平最高，技术人员次之，普通员工最低，基本与相应的学历分层相对应，可见分工导致的收入差距还是比较大的，尤其是受教育程度较低的普通工人。另外，大部分企业存在加班现象且比较严重，虽然大多数企业是以加班津贴的方式提供补偿，但仍然可以发现该地区港资企业员工不仅工资较低而且工作强度比较大。

从企业员工的薪酬水平来看，管理人员平均月收入为 4418 元，薪酬差距比较大，最小值仅为 1500 元，而最大值达到 20000 元。75% 企业的管理人员平均月收入低于 5000 元；技术工人平均月薪为 3262 元，薪酬范围从 1200 元到 6000 元不等。50% 企业的技术工人平均月薪低于 3000 元，75% 企业的相应月薪水平低于 3500 元，仅有约 10% 企业的技术工人月薪高于 5000 元。普通员工平均月薪最低，为 2108 元，最高薪酬为 4000 元。约 50% 企业的普通员工平均月薪低于或等于 2000 元，90% 企业的普通员工平均月薪小于 3000 元。

从企业加班情况来看，24% 的企业没有加班，66% 的企业有加班但周累计加班时间小于 12 小时，10% 的企业周累计加班超过 12 小时。从加班补偿形式来看，68% 的企业提供额外加班津贴，15% 的企业提供补假休假，17% 的企业提供其他形式的补偿。

（七）港资企业经营绩效较好，企业对经营普遍持乐观态度

从横向比较来看，无论是利润率、产量，还是市场占有率，大部分企业认为与行业平均水平大致持平，明显高于或低于行业平均水平的企业只占极小比例（见表1、图4）。这说明了佛山市港资企业规模类似，面临的行业竞争比较激烈。

表1　与同行业平均水平相比的经营绩效调查统计

单位：%

	明显高于同行	高于其他企业	差不多	低于其他企业	明显低于同行	其他
利润率	2	11	54	9	4	22
产量	4	19	40	11	2	24
市场占有率	5	11	38	10	3	33

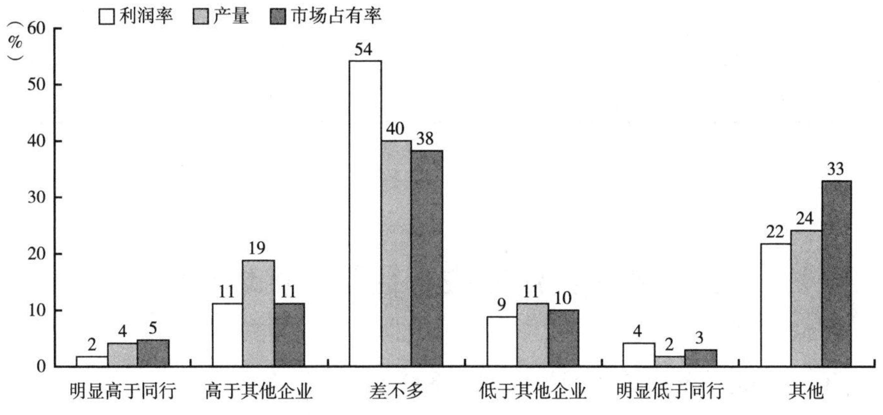

图4　与同行业平均水平相比的经营绩效调查统计

从纵向来看，与3年前相比，企业的经营绩效普遍高于以前或与以前持平。也有少部分企业认为自己的经营绩效不如以前，尤其是利润率方面，31%的企业认为利润率低于以前（见图5、表2）。这种现象一方面说明，该地港资企业对于自己的经营普遍持乐观态度，反映出市场的活力。另外，企业的利润率下降有可能是由市场竞争的进一步加剧以及劳动力等要素价格上升引起的。

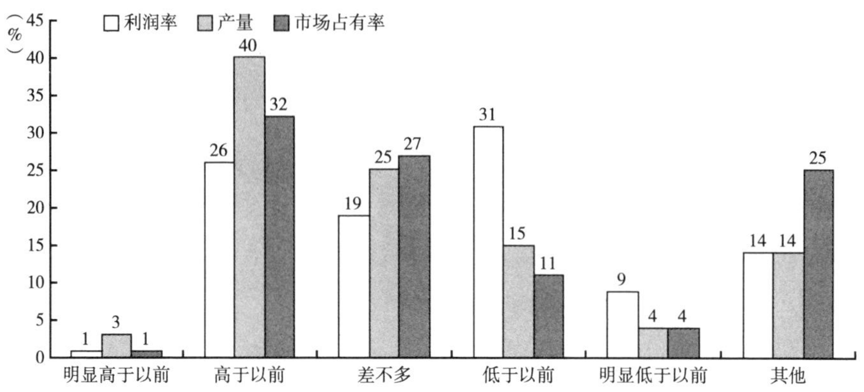

图5　与3年前相比公司的经营绩效调查统计

表2　与3年前相比公司的经营绩效调查统计

单位：%

	明显高于以前	高于以前	差不多	低于以前	明显低于以前	其他
利润率	1	26	19	31	9	14
产量	3	40	25	15	4	14
市场占有率	1	32	27	11	4	25

三　港资企业的生产经营与区域分工

（一）港资企业的生产模式以OEM及OBM为主

调查统计结果显示，企业生产模式仍以OEM以及OBM方式为主，但也有部分企业实现原创设计制造。从出口贸易模式来看，主要以一般贸易与补偿贸易为主，传统来件装配、来样加工与来料加工的比重有所下降。从原料采购方式看，大部分企业主要从内地采购，其次是进口，内地已然成为港资企业重要原料供应地。

从制造业生产模式看，制造业样本企业中，37%的企业采用OEM（原件制造）方式，31%的企业采用OBM（品牌产品制造）方式，13%的企业采用 ODM（原创设计制造）方式，其他占 19%。

从出口贸易模式来看，1% 的企业属于来件装配，15% 的企业属于来料加工，5% 的企业属于来样加工，49% 的企业属于补偿贸易，30% 的企业属于一般贸易。

从原料采购方式来看，82% 的企业主要从内地采购，34% 的企业涉及原料进口，13% 的企业采取其他采购方式。

（二）港资企业的创新投入不足，专利授权与购买情况较少

调查结果显示，企业技术来源主要采用自主研发与合作开发方式，但是，最终仅有不到 10% 的企业取得了专利授权，这是因为企业创新主要针对工艺、外观等方面，而不是关键技术创新。从资金以及科研人才看，企业投入研发的资金比较少，科研人才也比较少。这些现象反映出佛山市港资企业创新意识不强、投入不足、技术水平薄弱等问题。

在产业转型升级的过程中，人才、技术与资金被认为是企业转型面临的最大困难。虽然国家一直对于高校以及科研机构提供大量的支持，但是这些投入却没有很好地与生产对接，高校培养出来的人才在企业中并不能立即适用，研发出来的技术不能够及时地投入生产，从而导致企业转型升级缓慢。企业可能有创新的想法，但是迫于人才、资金等压力而无法实现，最终损害产业的发展。

从专利授权情况来看，受访企业平均专利授权数为 11.7（其中发明专利数为 0.8），但 91% 企业专利授权数为 0。从专利购买情况来看，受访企业平均专利购买数为 0.08，94% 企业专利购买数为 0。

从企业产品更新或升级换代的具体表现来看，28% 的企业做了工艺创新，24% 的企业做了外观创新，23% 的企业做了设计创新，17% 的企业做了关键技术创新。

从企业获得产品更新或升级换代信息的渠道来看，36% 的企业从同行企业获得产品更新或升级换代的信息，26% 的企业该类信息来自行业协会，12% 的企业信息来自媒体，5% 的企业信息来自政府部门，21% 的企业来自

其他渠道，如客户需求、中介技术服务部门、国外展会、市场调研等。

从研发设计人员的人数来看，42% 的企业的研发设计人员少于或等于 10 人，89% 的企业的研发设计人员少于或等于 100 人。

从研发设计经费来看，所调查企业平均每年投入研发设计经费 696 万元，投入研发经费最多的企业高达 6 亿元人民币。但是，仍然有很多企业并未投入任何研发经费，69% 的企业研发设计经费小于 1 万元。

从每年的广告投入经费来看，所调查企业平均每年投入广告经费 156 万元，投入广告经费最多的企业达 1 亿元人民币。但是，81% 的企业广告经费小于或等于 1 万元。

从企业产品更新或升级换代中遇到的最大困难来看，29% 的企业认为是人才，28% 的企业认为是技术，20% 的企业认为是资金，14% 的企业认为是信息，7% 的企业认为是知识产权保护缺位，2% 的企业认为是其他因素。

从公司品牌使用情况来看，52% 的企业使用自有品牌，13% 的企业以授权方式使用他人品牌，27% 的企业参与代工生产。

（三）港资企业各个工序主要以广东省主

调查结果显示，佛山市港资企业经营业务的各个环节均以广东省为主导。从企业最重要的生产运营业务的区域分布来看，90% 以上的企业的最重要生产运营业务在佛山，其余零星分布于广州和香港。从企业总部所在城市分布情况来看，84% 的企业总部设在佛山，其余的分别设在香港、广州、台湾等地。

（四）港资企业迁移可能性较小，主要目的是寻求更低成本以及政策需要

从企业迁移方案看，在迁移可能性为一般、较大及很大的企业中，29% 的企业选择部分迁移，71% 的企业选择整体迁移。从部分迁移企业打算迁移的部门来看，企业选择迁移的部门主要是生产部门。从整体迁移企业的迁移目的城市来看，大多数企业选择迁移到珠三角或者广东省其他地区。

从企业的迁移原因来看，19% 的企业为了寻求更低的土地成本，17% 的企

业出于政府产业政策的要求，17%的企业为了寻求更低的劳动力成本，17%的企业为了寻求更优惠的政策，14%的企业为了寻求更好的政府服务，7%的企业为了寻求更低的能源供应成本，2%的企业为了跟随客户或供应商。

四 社会资本与社会责任

（一）港资企业的最主要社会关系为生意伙伴

从受访企业的生意来源看，生意伙伴是企业最重要的社会关系，其次是朋友与同事，大多数企业从中得到过生意介绍。从与利益相关者的关系来看，无论是最重要的供应商、长期合作客户，还是关系好的同行企业，均以生意合作伙伴关系为主、朋友关系为辅，其他关系只占极小比例。商会与行会的参与度小，利用商会与行会积累社会关系，获取经营信息，扩大企业影响的观念尚未普及，企业社会活动不活跃。

被调查企业中，34%企业的生意介绍人包括生意伙伴，其余依次为：亲属（17%），亲密朋友（17%），一般朋友（15%），同学（13%），同事（12%），同乡（8%），家人（7%），师生或师徒（2%），其他（1%）。也有44%的企业表示没有人介绍生意。

从行会与商会参与情况来看，每家受访企业平均参与1个行会，其中46%的企业没有参加行会，但最大值达20个；参加商会的平均数为每家企业0.7个，其中52%的企业没有参加商会，但最大值达10个。

（二）港资企业与各种社会关系的联系比较紧密，对各种社会关系比较信任

统计数据显示，绝大多数企业与最重要供应商、最重要客户与金融机构的联系最密切，以每天或每周为主（见表3）；与政府、最重要同行企业的关系相对疏远，以周、月联系为主；与中介机构（如法律、会计等专业服务机构）的联系周期较为固定，以每月、每季、每年为主。

表 3　与利益相关者的联系密度

单位：%

对象 \ 联系程度	每天联系	每周联系	每月联系	每季度联系	每年联系	更长周期
最重要供应商	27	47	14	5	2	1
最重要客户	30	44	17	5	1	4
最重要同行企业	4	21	31	24	7	7
政府	3	23	37	19	10	5
金融机构	29	30	17	7	9	3
中介机构（如法律、会计等专业服务机构）	3	9	31	24	21	3

样本企业对利益相关者总体信任程度较高，大部分企业对它们表示“比较信任”或“非常信任”，也有小部分企业表示信任程度“一般”，对它们“比较不信任”或“非常不信任”的只占极小比例（见表 4）。

表 4　对利益相关者的信任程度

单位：%

	非常不信任	比较不信任	一般	比较信任	非常信任
最重要供应商	—	4	11	61	20
最重要客户	—	4	9	57	26
最重要同行企业	1	5	30	46	10
政府	—	4	16	50	25
金融机构	—	2	15	58	18
中介机构（如法律、会计等专业服务机构）	—	2	20	56	14

（三）港资企业的社会责任意识较强

尽管大部分的企业持中立态度或同意环保政策会加重企业负担这个观点，但是大多数企业认为应该积极参加环保活动，基本没有企业认为不应该参加。（见表 5）

表 5　环保观念调查统计

单位：%

	非常同意	比较同意	中立	不同意	很不同意
环保政策会加重企业负担	25	30	31	11	2
企业应积极参加环保活动	43	43	13	—	—

在所调查企业中，68%的企业有以公司名义进行社会捐赠。在捐赠企业中，促使企业做出捐赠决定的考虑因素按重要性排序依次为：50%的企业出于回报社会，44%的企业为了响应政府号召，25%的企业为了提升企业形象，16%的企业为了融洽社区关系。从捐赠次数来看，2010 年捐赠企业平均总计捐赠次数为 2 次，但最大值达 20 次。

（四）港资企业员工培训和“五险一金”购买情况相对完善

大部分公司提供劳动合同或协议以及医疗保险、养老保险、生育保险、失业保险、工伤保险。但是提供住房公积金的企业较少，少于 50%（见表 6）。统计数据显示，无论是在劳动合同签订方面，还是在“五险一金”缴纳方面，少数企业都存在违规行为。这一现象说明企业存在一定程度的社会责任缺失，劳动保障领域存在监管漏洞。

表 6　员工保障项目调查统计

单位：%

员工保障项目	提供	部分提供	不提供
签订劳动合同或协议	90	7	3
医疗保险	73	25	3
养老保险	69	21	10
生育保险	68	19	13
失业保险	67	21	13
工伤保险	83	14	3
住房公积金	22	14	64

五 投资环境

（一）港资企业的竞争优势主要是产品质量和服务质量

大多数企业认为企业的竞争优势在于产品质量与服务质量，而品牌知名度、价格竞争力等传统竞争优势已不再重要，最不具有优势的是资金实力和劳动力成本（见图 6）。随着近年来管理水平、技术创新能力等因素地位的不断上升，港资企业更加注重产品和服务质量以及品牌知名度建设。同时，由于劳动力成本上升，企业更容易从改善产品质量和服务质量方面着手提高竞争力。

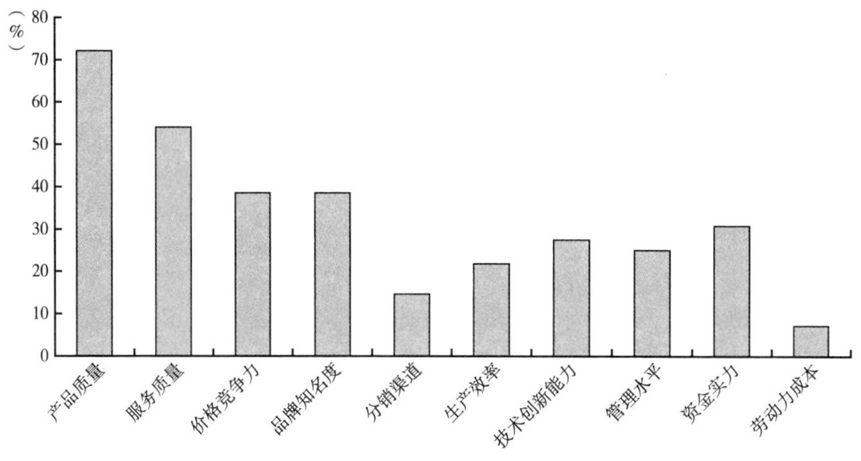

图 6　企业竞争优势调查统计

（二）港资企业对生活环境、政务环境均比较满意

软环境是吸引外资的重要因素。从生活环境的各项指标来看，除房地产价格、物价水平外，企业对佛山的生活环境都比较满意，尤其是购物便利、居住条件及教育水平，这些将是吸引港商投资以及劳动力的有利条件。然而，

佛山由于毗邻广州，“广佛同城”的联系导致佛山的房地产价格和物价水平受到广州的影响而逐渐上涨，未来可能阻碍港资企业在佛山投资设厂。另外，值得注意的是，佛山市的文体设施、公共交通、社会治安等亟待改善（见表7）。

表7　对城市生活环境的满意度调查统计

居住条件	7.0	文体设施	5.5	社会治安	5.7
教育水平	6.9	公共交通	5.6	文化氛围	5.8
医疗卫生	6.5	生态环境	6.0	购物便利	7.2
房地产价格	4.4	物价水平	4.9		

从企业对所在城市的政务环境的评价来看，对各项指标均显示出较高的满意度（见表8）。该指标系统可以间接地反映各地区政府的运转和服务效率（杜薇，2012；黎熙元等，2012）。良好便捷的政务环境有利于市场的发展，佛山在这方面取得的进步得到了企业的认可，企业的投资信心充足，成为其吸引外资投资设厂的有利因素。

表8　对政务环境满意度调查统计

办事效率	7.2	信息公开	7.0	依法行政	7.4
服务意识	7.0	沟通渠道	6.8		

（三）港资企业对基础设施比较满意

总体而言，港资企业对基础设施比较满意，尤其是邮电通信、公路运输、港口及海运方面。对邮电通信、公路运输、港口及海运方面企业满意度较高（见表9），说明佛山在基本的交通运输方面具有比较好的基础，对于其制造业的发展有一定的促进作用，但是其铁路运输以及空运等相关基础设施建设仍然有待加强。另外，对于环保设施、城市规划和建设的满意程度也低于其他，这在一定程度上体现了佛山和广州、深圳等城市的差距，随着城市经济的不断发展，这两个因素可能在未来成为佛山吸引投资的阻碍。

表 9 对城市基础设施满意度调查统计

公路运输	7.3	煤供应	6.5	邮电通信	7.5
铁路运输	6.1	空港及空运	6.5	环保设施	6.2
港口及海运	7.0	油、气供应	6.5	电力供应	6.6
水供应及污水排放	7.1	城市规划和建设	6.4		

六　结论

根据以上对佛山市港资企业基本情况、生产经营与区域分工、社会资本与社会责任、投资环境等几个方面的统计分析，得出以下几点结论。

生产经营方面。佛山的港资企业主要以第二产业为主，其中大多数为制造业，产业结构较为单一。制造业是劳动密集型产业，容易受到劳动力成本及土地成本等因素影响。近年来，由于提供的工资较低且工作强度比较大，港资企业缺工现象严重。劳动力不足，尤其是普通工人不足，是限制港资企业发展的一个重要因素。另外，广州的港资企业还面临着产业升级和可持续发展的问题。港资企业主要生产模式以 OEM 及 OBM 为主，自主研发机构及生产基地较少，专利较少，创新不足。

粤港地区分工方面。佛山毗邻广州，享有“广佛同城”得天独厚的优势。广州高校云集，为企业输送了大量的人才，保证了企业人力资源的供给。但是，佛山在土地成本方面并不存在优势。

社会联系方面。佛山市的港资企业普遍非常重视与社会各界的联系，其联系密度较大。其经营管理方式很大程度上建立在一种关系网络上，生意来源主要依靠各种生意伙伴。值得一提的是，港资企业倾向给予各种社会关系高度信任。

投资环境方面。港资企业认为其企业竞争力主要在服务质量和产品质量，而传统的生产要素——资金和劳动力没有优势。因此，吸引港资企业在佛山投资的重要因素是其区位优势，其中港资企业对生活环境、口岸环境、政务环境以及基础设施的满意程度比较高。但是，对物价水平及房地产价格满意度比较低。

七　政策建议

（一）鼓励企业转型升级，扩大内地市场

单纯的加工制造不能支撑企业的长远发展，企业转型升级势在必行。港资最大的优势在于港商本身就处在一个国际化的大都市里面，自身就能够接触到国际上先进的生产力（黄顺魁，2011）。利用这个优势，实现企业从OEM向ODM、OBM转型，鼓励港资企业通过创新在擅长的行业做细做精，实现可持续发展。2008年以来，中国政府做出政策转变，鼓励加工贸易企业转内销，但是内销堵塞仍然无法使得企业解决长期发展问题（封小云，2011）。因此，需要从政府和企业两方面入手。一方面，政府需要降低制度成本，通过减少不必要的流通阻碍增加内地市场的竞争优势；另一方面，港资企业可以通过拓宽销售渠道，开拓新营销形式等方式实现可持续发展。

（二）重视人才培养引进，完善技术创新机制

随着劳动力成本及土地成本的不断上升，佛山的制造业价格优势将不复存在，制造业发展的未来更多取决于产品质量与服务质量的改善。产品质量和服务质量的改善，关键在于人才积累与技术改进。另外，良好的资本市场也是影响人才和技术的关键因素。故佛山可以考虑通过提供更优惠政策，帮助企业拓宽融资渠道，完善人才培养机制与引进机制，引导企业进行技术创新，为企业转型升级提供助力，以弥补劳动力成本和土地成本较高的不足。加大对教育的投入，不仅要加大对基础教育和普通高等教育的投入，也要重视成人教育和鼓励企业对工人进行培训（余文娟，2012）。

（三）维持现有优势，加强软环境建设

相对于广东省的其他城市，佛山在生活环境、政务环境等方面具有一定优势，这些优势将是维持佛山竞争力的重要因素。但是，佛山的城市建设和

规划、环保等对未来发展有战略意义的方面还有待提高。故在维持上述优势的同时，应适当地进行一些政策倾斜，通过放宽经营条件等方式支持港资企业，可以吸引更多的港资企业前来投资。同时，基础设施的建设具有周期长、投资大、见效慢等特点。因此，佛山市可以从加强软环境建设方面入手，通过治安、生态建设等方面为港资企业提供良好的投资环境，同时吸引更多的人才到佛山发展。

参考文献

[1] 陈恩:《港商在内地和珠江三角洲投资的区位布局与实证研究》,《当代港澳研究》2012 年第 2 辑，第 17 ~ 40 页。

[2] 杜薇:《港澳资企业对珠江三角洲城市投资环境的评价——基于对港澳资企业调查问卷的统计分析》,《当代港澳研究》2012 年第 2 辑，第 118 ~ 127、148 页。

[3] 封小云:《珠江三角洲港资企业的内销政策效应评估与制度性缺陷》,《当代港澳研究》2011 年第 2 辑，第 68 ~ 80、166 ~ 167 页。

[4] 黄顺魁:《后危机时代广东港资企业的转型与升级》,《特区经济》2011 年第 7 期，第 40 ~ 41 页。

[5] 黎熙元、杜薇、余文娟:《港澳资企业对珠三角城市投资环境的评价——基于 2010 年问卷调查数据的实证分析》,《亚太经济》2012 年第 4 期，第 136 ~ 141 页。

[6] 余文娟:《珠江三角洲城市投资环境分析——基于港澳资企业的视角》,《当代港澳研究》2012 年第 2 辑，第 128 ~ 144、148 页。

The Study on the Current Development of Hong Kong Enterprises in Foshan

Abstract: According to the Center for Studies of Hong Kong, Macao and Pearl River Delta 2010 survey on Hong Kong enterprises in Guangdong province, we find that: Foshan Hong Kong enterprises are mainly engaged in manufacturing industry. Geographical factor and human resource are most important factors for decision of setting up new factories in Foshan. With the development of economic, problems such as lack of labor, rise in land price and lack of independent innovation are the barrier to further development of Foshan Hong Kong enterprises.

Keywords: Hong Kong Enterprises; State of Operation; Investment Environment

图书在版编目（CIP）数据

当代港澳研究．2014年．第3辑/陈广汉，黎熙元主编．—北京：社会科学文献出版社，2015．7

ISBN 978-7-5097-7750-3

Ⅰ．①当… Ⅱ．①陈… ②黎… Ⅲ．①区域经济发展-香港-文集 ②区域经济发展-澳门-文集 Ⅳ．①F127．658-53 ②F127．659-53

中国版本图书馆CIP数据核字（2015）第134411号

当代港澳研究（2014年第3辑）

主　　编／陈广汉　黎熙元

出 版 人／谢寿光
项目统筹／任文武
责任编辑／贾宏宾　王凤兰　王　颉

出　　版／社会科学文献出版社·皮书出版分社（010）59367127
地址：北京市北三环中路甲29号院华龙大厦　邮编：100029
网址：www.ssap.com.cn
发　　行／市场营销中心（010）59367081　59367090
读者服务中心（010）59367028
印　　装／三河市东方印刷有限公司

规　　格／开　本：787mm×1092mm　1/16
印　张：11　字　数：162千字
版　　次／2015年7月第1版　2015年7月第1次印刷
书　　号／ISBN 978-7-5097-7750-3
定　　价／48.00元